Uli
…y Straße 619
…LIN, DEUTSCHLAND
(D)

« Y aura-t-il une énorme Europe, c'est-à-dire si tout le monde se rejoint pour être ensemble, pour qu'il y ait une énorme Europe. »
Arten 10 ans, Russe-Coréen en France

« Je suis d'Europe. »
Claude Imbert,
Ce que je crois, *1984*

le…
Julien…
…en Hongrie

W0410279

Ludwig
1 Residenzplatz
1010 Wien
ÖSTERREICH (A)

AIR MAIL
PAR AVION

« L'Europe, c'est la liberté ! Tu t'y feras des copains, tu trouveras une maison et une école. »
Clémentine 10 ans, Française

« Ce qui importe c'est l'Europe unie, et je la vois se préparer lentement. »
Nietzsche

« Dans l'Europe, il y a plusieurs pays, mais il n'y a plus de frontière, alors c'est comme un grand pays. »
Julie 9 ans, Française en Allemagne

Virgilio
Rua do Caminho, 8
4000 Porto
Portugal
(P)

« L'Unité fait la force. »
Karim 11 ans, Britannique

« L'Europe est trop grande pour être unie. Mais elle est trop petite pour être divisée. Son double destin est là. »
Daniel Faucher

« Il y aura une monnaie unique et plus vraiment de frontières. Ce sera mieux qu'avant. »
Éloïse 10 ans, Chinoise-Française-Britannique au Royaume-Uni

Chez toi en Europe

Concept et texte

Geneviève Brame

Illustrations et direction artistique

Béatrice Tollu

HACHETTE Jeunesse

Sommaire

PRÉFACE

« J'ai des amis à découvrir,
et beaucoup de choses à connaître. »
***Le Petit Prince*, Antoine de Saint-Exupéry**

C*hez toi en Europe,* écrit par Geneviève Brame et illustré par Béatrice Tollu, est modestement présenté comme un « carnet de voyage » essentiellement destiné aux enfants. Il s'agit, en fait, de bien davantage.
En plus de la présentation des institutions européennes, leur vocation et leur organisation depuis leur création, ce livre offre un parcours initiatique à travers les quinze pays de l'Union européenne. Quelques traits et images symboliques empruntés à l'histoire, la culture et les traditions de chacun d'entre eux permettent d'en découvrir la richesse et la diversité.

Cette approche originale traduit la véritable ambition des auteurs : faire prendre conscience aux lecteurs de tous les âges et de tous les horizons que ce patrimoine exceptionnel est maintenant commun aux Européens, et que l'Europe ainsi unie est une chance nouvelle pour tous.

Simone Veil

« D'où je suis ? Je suis de mon enfance.
Je suis de mon enfance comme d'un pays. »
***Pilote de Guerre*, Antoine de Saint-Exupéry**

Je remercie les organismes, les institutions et les entreprises qui ont facilité et accompagné la préparation de *Chez toi en Europe*, notamment :
Frédéric Vincent et la Commission européenne ; Annie Blasco et Sources d'Europe ; le Parlement européen.
Les Ambassades des pays de l'Union européenne à Paris ; leurs services culturels m'ont réservé le meilleur accueil :
à vous Madame, Monsieur, qui m'avez spontanément donné du temps pour mieux comprendre votre pays, va toute ma reconnaissance.
Thierry Bertrand et l'Agence pour l'enseignement français à l'étranger ; Stéphane Colonna, Jocelyne Castel, Anne Roze et la Mission Laïque française.
Les établissements scolaires et les entreprises qui ont relayé l'enquête préparatoire de *Chez toi en Europe*.
Mille mercis aux enseignants et au millier de jeunes de France, d'Europe et du monde pour leurs réponses sérieuses et souriantes.
Un clin d'œil complice à Martine Charton qui a décrypté au fil des questionnaires les perceptions des juniors sur l'Europe.
Mon coup de cœur va enfin aux auteurs qui m'ont prêté quelques-uns de leurs jolis mots de poètes.

Geneviève Brame

Dessine-moi l'Europe

« L'Europe est un continent au nord du globe terrestre. »
Germain 10 ans, Français

« Un ensemble de 15 pays qui bientôt fonctionneront comme un seul État avec une seule monnaie. »
Célia 10 ans, Hongro-Portugaise en Slovénie

« Un continent où les pays veulent qu'il y ait la paix. »
Frédéric 9 ans, Français aux Pays-Bas

« J'ai l'idée d'une Europe unie et solidaire. »
Yannick 11 ans, Franco-Espagnol

L'Europe

La légende l'a faite **déesse.**
On dit que Zeus, le dieu des dieux du mont Olympe dans la Grèce antique, fut séduit par la belle Europe. Les oracles avaient-ils prédit « l'odyssée européenne » ?

L'Europe

La géographie l'a faite **continent.**
L'Europe est l'un des cinq continents de la planète Terre. Il s'étend du cap Nord à Gibraltar et de l'océan Atlantique aux montagnes de l'Oural formant ainsi une frontière naturelle avec l'Asie.

Les Grecs puis les Romains ont dominé l'Europe en nous laissant un riche héritage. Au IVe siècle, la religion chrétienne venue de Palestine s'y est imposée.

Au fil des siècles, les Européens se sont alliés mais aussi combattus. Ambitions, religions, langues ont été – et sont encore parfois – des prétextes à des guerres qui, de défaites en victoires, d'alliances en traités, ont dessiné et redessiné les frontières.

Après Marco Polo, **d'audacieux explorateurs** ont mis le cap de l'autre côté des mers pour découvrir de nouvelles terres. Leurs récits ont permis de tracer cartes et mappemondes. La France, le Portugal, les Pays-Bas ont gardé de cette époque des terres éloignées du continent.

Comme le Rhin ou le Danube, **penseurs, savants, artistes et écrivains** oubliaient les frontières. Ils parcouraient l'Europe et transmettaient leur passion de lire, d'écrire ou de créer. Les universités et les bibliothèques étaient leurs lieux de rendez-vous. On y parlait le latin, le grec et souvent le français. Ce sont les berceaux de **notre culture européenne.**

L'Europe ?

L'Histoire a bâti l'Union européenne
Celles et ceux qui ont vécu la guerre connaissent, plus que d'autres, la valeur de la paix et de la liberté. En 1945, à la fin de la Deuxième Guerre mondiale, l'Europe est coupée en deux : d'un côté, les pays de l'Est qui dépendent de l'Union soviétique, et de l'autre, les pays de l'Ouest, alliés aux États-Unis. Cette période sera appelée la « guerre froide ».

« Plus jamais cela ! » : C'est une promesse qui nous concerne tous. **L'Europe, œuvre de paix,** se tisse avec nous au fil des jours.

Les architectes de l'Europe à l'œuvre : trois hommes s'écoutent et s'entendent. **Jean Monnet** lance l'idée et **Robert Schuman**, ministre français des Affaires étrangères, avec l'appui de **Konrad Adenauer**, chancelier de l'Allemagne fédérale, l'annonce le 9 mai 1950, salle de l'Horloge au Quai-d'Orsay à Paris : la France et l'Allemagne vont mettre en commun leur production de charbon et d'acier, la Belgique, l'Italie, le Luxembourg et les Pays-Bas aussi. Les 6 pays signent **le traité de Paris** le 18 avril 1951. Le premier train de charbon européen est sur les rails le 10 février 1953.

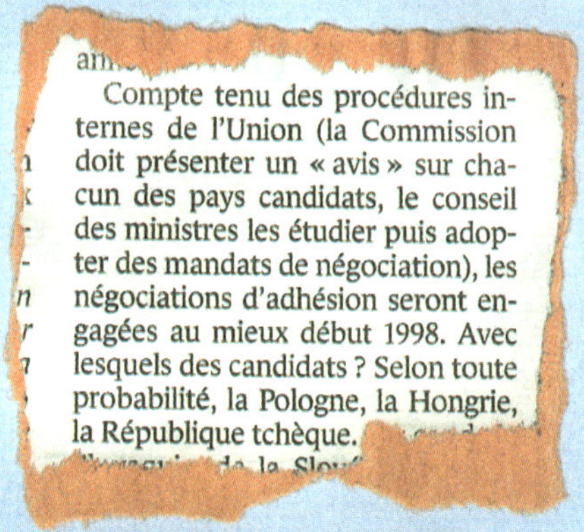

Compte tenu des procédures internes de l'Union (la Commission doit présenter un « avis » sur chacun des pays candidats, le conseil des ministres les étudier puis adopter des mandats de négociation), les négociations d'adhésion seront engagées au mieux début 1998. Avec lesquels des candidats ? Selon toute probabilité, la Pologne, la Hongrie, la République tchèque.

Philippe Lemaître, « La Pologne aux portes de l'Union européenne », *Le Monde*, 12 juillet 1996

« Pour que la paix puisse vraiment courir sa chance, il faut d'abord qu'il y ait une Europe. »
Jean Monnet.

Le tracé des frontières de la Communauté européenne va changer cinq fois : aujourd'hui 15 pays forment l'Union européenne. Dès l'an 2000, sa carte s'élargira vers les pays voisins, prêts à partager les mêmes idées.

Des traités en forme de traits d'union

« L'Europe ne se fera pas d'un coup... Elle se fera par des réalisations concrètes, créant d'abord une solidarité... »
Robert Schuman

Des accords appelés « traités » fixent les règles du jeu entre les pays. Après **le traité de Paris**, les 6 pays fondateurs signeront **le traité de Rome** (Italie) le 25 mars 1957. Il crée **la Communauté économique européenne,** appelée « Marché commun ». Avec l'entrée du Danemark, de l'Irlande et du Royaume-Uni, on compte 9 pays puis 10 avec la Grèce, puis 12 avec l'Espagne et le Portugal. En 1995, l'Autriche, la Finlande et la Suède s'y joignent pour former **l'Europe des 15**.

Le traité de Maastricht (Pays-Bas), en 1992, transforme la Communauté européenne en **Union européenne.** Parmi les avantages à être unis, il y a celui de pouvoir grandir, étudier, vivre et travailler dans le pays de son choix puisque nous avons un espace sans frontières entre nous. Le marché est unique et bientôt la monnaie sera commune.

« Allons, courage, le printemps de l'Europe est toujours devant nous. »
Jacques Delors

D'autres projets sont en discussion, par exemple **l'unification des droits sociaux,** c'est-à-dire le droit du travail, de la santé, l'égalité des chances entre les femmes et les hommes... L'Europe semble parfois être une tour de Babel, une histoire sans fin faite de lois et de quotas. Heureusement, chacun des 15 pays peut déjà profiter de progrès réalisés comme la construction de routes ou de ponts.

La construction européenne : d'hier à demain

9 mai 1950
Discours de Robert Schuman
Lancement de l'idée de l'Europe

1951
Traité de Paris
Création de l'Europe du charbon et de l'acier (CECA)

1957
Traité de Rome
Création de la Communauté économique européenne (CEE) : le Marché commun

1962
Début de la politique agricole commune (PAC) : l'Europe verte

1968
Les marchandises circulent librement entre les 6 pays : zone d'union douanière

1973
Entrée du Danemark, de l'Irlande et du Royaume-Uni

1979
Première élection du Parlement européen au suffrage universel
Création du Système monétaire européen (SME) et de l'ÉCU

1981
Entrée de la Grèce

1985
Création du passeport européen

1986
Entrée de l'Espagne et du Portugal.
Signature de l'Acte unique (projet d'Union européenne)

1992
Traité de Maastricht, ratifié par référendum

1993
La Communauté économique européenne devient l'Union européenne

1995
Entrée de l'Autriche, de la Finlande et de la Suède.
Espace Schengen : libre circulation des personnes entre pays signataires

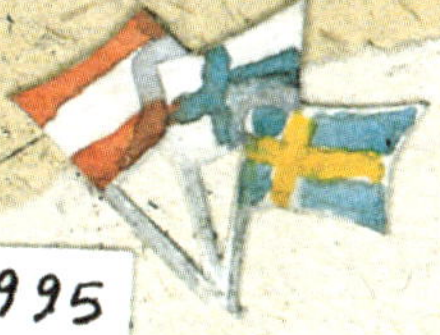

1996
L'EURO remplace l'ÉCU

1999
Passage à la monnaie unique pour les États qui remplissent les conditions

2002
1er janvier
Les euros seront dans les porte-monnaie

15 à table ou... puissance 15

« S'apprivoiser... ça signifie créer des liens »,
dit le renard au Petit Prince.
Le Petit Prince, Antoine de Saint-Exupéry © Éditions Gallimard

Les pays de l'Union européenne se sont apprivoisés afin de créer **un esprit de famille**. Les liens doivent être très solides pour décider à 15 des lois communes et partager des responsabilités qui ont de l'influence sur le monde entier. Nous sommes à la fois assez différents et assez semblables pour être complémentaires. En fait, il s'agit de **s'entendre sans se confondre.**

En tout, on compte plus de **370 millions de personnes** dans l'Union européenne, ce qui nous classe première puissance commerciale du monde (1er exportateur et 1er importateur) avec le plus grand nombre de consommateurs, devant les États-Unis ou le Japon.

« Il faut être puissant et généreux », aime à dire Jacques Delors. Aussi l'Union européenne n'oublie pas de partager un peu de ses richesses et de ses idées avec des pays moins développés.

À TOUR DE RÔLE
Chaque État préside à son tour l'Union européenne pendant 6 mois. Il fixe les objectifs de sa présidence et choisit les sujets à étudier en priorité.

Les institutions de l'Union européenne : une organisation originale

Le Conseil Européen

– réunit 2 fois par an les chefs d'État et de gouvernement des 15 pays, pour un « sommet européen » ;
– oriente l'action de la Communauté.

La Commission Européenne

20 commissaires nommés pour 5 ans
Président : Jacques Santer
(Bruxelles)
– propose les lois européennes et des projets communs ;
– applique les décisions du Conseil des ministres ;
– respecte les traités.

Le Conseil des ministres

15 ministres des 15 pays selon l'ordre du jour
(Bruxelles)
– décide et adopte :
les lois et les règlements
les politiques communautaires

Le Parlement Européen

élu par les citoyens
626 députés européens élus pour 5 ans
(Strasbourg et Bruxelles)
– examine les propositions des lois européennes qu'il accepte, modifie ou refuse ;
– contrôle le travail de la Commission ;
– vote le budget de la Communauté.

La Cour de Justice

(Luxembourg)
– Les juges européens font appliquer le droit communautaire.

Le Comité des Régions

– est consulté sur les questions de développement local et de progrès pour les citoyens.

Le Comité économique et social

– représente différents secteurs professionnels.

La Cour des Comptes

(Luxembourg)
– contrôle la gestion du budget (recettes et dépenses).

Comment ça marche ?

Les 15 États membres se sont engagés à **réaliser en commun ce qui est bénéfique pour tous.** C'est le « principe de subsidiarité ». Ensemble, on réunit plus de moyens et on obtient de meilleurs résultats dans certains domaines très coûteux comme la santé, la protection de l'environnement, etc.

« L'idée de l'Europe est très bonne, mais je crois que ça prendra plusieurs années avant que ça fonctionne bien. »
Emmeline 12 ans, Britannique en France

« Il y a des peuples européens et un destin européen commun. »
Jacques Delors

Si **les lois communautaires** s'appliquent à tous sous le « toit » Europe, **chaque État reste maître de ses lois nationales** qui ne concernent pas les autres pays. Chacun, par exemple, décide de son système d'éducation et des programmes scolaires, et l'Union européenne soutient des projets collectifs (échanges, études...).

L'Union européenne a son budget

Le Conseil des ministres à Bruxelles fixe le budget de l'Union européenne après qu'il a été accepté par le Parlement européen. Les recettes et les dépenses seront contrôlées par la Cour des comptes.

des recettes

Il y a **quatre sources de rentrées d'argent** dans les caisses de l'Union européenne : chaque État membre verse une participation (1) en fonction de ce qu'il produit (le PNB, le produit national brut), plus des taxes : droits de douanes (2) sur les marchandises qui entrent aux frontières de l'Union européenne ; une petite partie de la TVA (3) (c'est la taxe que perçoit chaque État sur tout ce qui est acheté ou consommé dans le pays) ; et enfin des prélèvements (4) sur les produits agricoles qui viennent de pays extérieurs (les importations).

des dépenses

L'Union s'est fixé **des engagements** qui sont devenus des dépenses obligatoires : on peut citer les dépenses de l'Europe verte, les aides accordées aux pays membres pour se développer et le soutien à d'autres pays selon des accords internationaux. Chaque année **des actions prioritaires** sont financées par le budget communautaire comme les réseaux de transports transeuropéens, la recherche et le développement technologique.

E comme Euro, Europe, Européens...

L'euro est le nom choisi par les 15 pays pour être **la monnaie européenne**. Même mot dans les 11 langues officielles, « euro » fait aussi penser à Europe et a été préféré à « écu ».

Si le marché est unique, il est logique que la monnaie soit unique à son tour. **L'euro verra le jour en 1999**, d'abord dans les comptes publics et les entreprises. D'ici là, les pays devront montrer des signes de bonne santé financière afin de réussir l'examen de passage à l'euro. Dans le monde des finances, l'euro devra faire face au dollar américain et au yen japonais.

En 2002, notes et factures en euro pour tous !
Faire ses achats dans l'Europe de l'euro nécessitera un peu d'exercice et quelques « trucs » pour convertir les francs en euro : calcul mental, calculette, boulier...

« L'Europe, c'est pour mieux vivre ensemble. L'euro sera plus pratique pour voyager. »
Émilie 9 ans, Britannique

LES BONS POINTS DE L'EURO

Avec l'euro on pourra **dépenser mieux**, dit-on, parce qu'il y aura plus de concurrence, donc plus de choix et il n'y aura pas d'argent perdu en frais de change des monnaies.
Nous ne sommes pas tous d'accord, mais l'euro simplifiera la vie de ceux qui l'adopteront vite : il sera une valeur commune. Utiliser **la même monnaie dans 15 pays** donnera vraiment le sentiment d'être « chez soi en Europe ».

Euro'poche

Dès maintenant, **le train de l'euro est en marche.** Le 1er janvier 2002, les euros seront dans nos poches, à côté des francs en France, des marks en Allemagne, des escudos au Portugal... et, 6 mois plus tard (1er juillet), ils remplaceront définitivement les monnaies nationales.

Sur la planche à billets, à chacun sa taille et sa couleur selon sa valeur : **les 7 billets euro** seront les mêmes pour les 15 pays : le billet de 5 euros sera gris, celui de 10 : rouge, 20 : bleu, 50 : orange, 100 : vert, 200 : jaune, et enfin le gros billet de 500 sera violet.

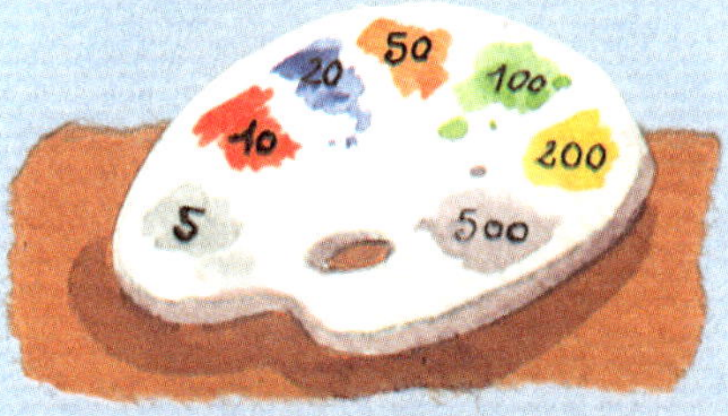

Les illustrations s'inspirent des styles architecturaux que nous connaissons en Europe : roman, gothique, renaissance, classique, baroque, rococo et moderne. D'un côté les 12 étoiles et un portail ou une fenêtre symbolisent l'ouverture, de l'autre un pont évoque le lien qui unit et relie les Européens et le monde.

Pile et Face

8 PIÈCES EN 2002

UN EURO EST DIVISÉ EN 100 CENTS. LES PIÈCES DE 1 ET 2 EUROS SERONT FAITES DE 2 MÉTAUX, CELLES DE 1, 2, 5 CENTS SERONT CUIVRÉES, ET CELLES DE 10, 20, 50 CENTS ARGENTÉES. EN 1997 : 1 EURO ≈ 6,50 F.

Les symboles de l'Europe

L'hymne européen, l'*Ode à la Joie*, est inspiré du quatrième mouvement de la Neuvième Symphonie du musicien allemand Ludwig Van Beethoven, adapté par le chef d'orchestre autrichien Herbert von Karajan.

La journée de l'Europe est le 9 mai, en souvenir du discours de Robert Schuman posant la première pierre de l'Europe en 1950 à Paris.

Le drapeau bleu azur, composé d'un cercle de 12 étoiles d'or à 5 pointes, flotte sur le territoire de l'Union européenne. Symbole d'abord choisi par le Conseil de l'Europe le 8 décembre 1955, ce drapeau a été adopté par la Communauté européenne en 1986. Il est placé au côté de chacun des 15 drapeaux nationaux.

Le passeport porte les mots « Communauté européenne » et le nom de chaque pays : il est de la même couleur pour tous. Dans les aéroports, il y a toujours une file pour les voyageurs de l'Union européenne.

« Quand je suis dans l'Union européenne, je ne présente pas mon passeport, je peux acheter tout ce que je veux dans n'importe lequel des 15 pays sans passer à la douane. Je crois que c'est un grand pays. »

Christophe 12 ans, Français en Slovénie

Citoyens européens

Le Petit Prince l'a dit : « Les gens ont des étoiles qui ne sont pas les mêmes. Pour les uns, qui voyagent, les étoiles sont des guides. Pour d'autres, elle ne sont rien que de petites lumières. Pour d'autres, qui sont savants, elles sont des problèmes... Toi, tu auras des étoiles comme personne n'en a... »
Le Petit Prince, Antoine de Saint-Exupéry © Éditions Gallimard

L'Europe ne se fait pas qu'à Bruxelles, Luxembourg ou Strasbourg. Être **citoyen européen** donne **des droits** mais aussi **des devoirs.** On a le droit, par exemple, de circuler, vivre et travailler dans un autre pays de l'Union européenne. À la majorité (18 ans) on a le droit de voter et d'être élu aux élections européennes et municipales dans la commune où l'on habite. S'il en est besoin, pour défendre ses intérêts, il est possible de porter plainte auprès de la Cour européenne de justice.

Bien sûr, il est obligatoire de respecter **les lois et les règles** habituelles du pays où l'on est. Par exemple, il faut circuler à gauche en Irlande et au Royaume-Uni.

On peut donc être citoyen de l'un des 15 pays membres tout en gardant sa nationalité : c'est-à-dire **être européen tout en appartenant à son pays.** Ainsi, on a une double identité. Être uni et différent, c'est une incroyable façon d'être singulier et pluriel... et d'accrocher d'autres étoiles à son ciel.

Côté cœur

*« L'Europe, c'est une union de pays qui s'est réunie,
non seulement pour des raisons politiques,
mais aussi pour que les gens se comprennent mieux
et deviennent amis et partenaires. »*
Franziska 13 ans, Allemande

L'ensemble des gens très pauvres dans les pays développés est appelé **le quart monde.** Certains sont sans domicile fixe, en abrégé on dit « SDF ». Des programmes d'aide contre la pauvreté permettent de donner les surplus alimentaires de la Communauté aux **associations européennes d'entraide.** La moitié des dons reçus par les « Restaurants du Cœur » en France viennent de ces réserves.

Lors de **catastrophes naturelles**, telles que les inondations, une aide d'urgence peut être accordée aux personnes en difficulté.

Des formations pour les jeunes qui n'ont pas d'argent sont payées par une organisation appelée **Fonds social de développement** afin de leur donner une chance de trouver des pistes de travail.

En 1975, à Lomé, capitale du Togo, en Afrique, la Communauté européenne a signé un engagement avec 46 pays du **tiers monde** (l'ensemble des pays en voie de développement) afin d'acheter leurs produits et de les aider à se développer.

Le Conseil de l'Europe

« Nous aimerions que l'Europe soit très unie, qu'il n'y ait pas de guerre et de pollution, que nous nous aidions les uns les autres. »
Classe de CM1, Collège Ferdinand-de-Lesseps, Barcelone

Le Conseil de l'Europe a été créé en 1949 pour défendre les droits de l'homme et préserver la démocratie. Tout État européen peut en devenir membre s'il respecte les droits et les libertés que toute personne doit avoir.

Le Conseil de l'Europe réunit 40 pays en 1997 et son siège est à Strasbourg, comme le Parlement européen. Ensemble, ils recherchent des solutions aux problèmes de santé, d'éducation et s'intéressent particulièrement à la jeunesse, à l'environnement, à la solidarité entre pays et à la paix.

Les enfants jouent à sauter
Par-dessus les barbelés
Ils font des croche-pieds
À la guerre (...)
Leur rire emplit la rue
Jusqu'à cogner contre le ciel
Et leurs yeux doux
Lancent des étoiles (...)
Guerre,
Jean-Claude Touzeil

LE 20 NOVEMBRE 1989, LA CONVENTION INTERNATIONALE SUR **LES DROITS DES ENFANTS** ÉTAIT ADOPTÉE PAR LES NATIONS UNIES. COMME UNE LOI, SES 54 ARTICLES S'APPLIQUENT POUR PROTÉGER LES ENFANTS DES 180 ÉTATS QUI L'ONT SIGNÉE EN 1995. HÉLAS ! IL MANQUE 11 ÉTATS POUR QUE CE TRAITÉ INTERNATIONAL SOIT UNIVERSEL.

« Que me conseillez-vous d'aller visiter ? demanda-t-il
La planète Terre, lui répondit le géographe. Elle a une bonne réputation. »
Le Petit Prince,
Antoine de Saint-Exupéry

MEMO

À la veille de l'an 2000, un certain nombre de pays européens ont gardé leur **monarchie,** mais les pouvoirs du roi ou de la reine ont été limités et les lois sont votées par un parlement. C'est alors une démocratie dite « **monarchie parlementaire** ». Dès 1701, la Grande-Bretagne a été la première à donner des droits au Parlement, « *The Bill of Rights* » : les députés de la Chambre des communes sont depuis élus par le peuple.

L'Union européenne compte 15 pays démocratiques : des Républiques et des Monarchies parlementaires.

Dans la Grèce antique, au VIe siècle avant notre ère, les citoyens participaient à la vie de la cité. Ils discutaient les problèmes communs et votaient des lois qui garantissaient plus de liberté et d'égalité. Le mot **démocratie** était né, c'était l'idée de **la République** (toutefois en ce temps-là, les femmes et les esclaves n'étaient pas encore citoyens !).

En France, la Révolution de 1789 mit fin à la monarchie. **La déclaration des Droits de l'homme et du citoyen** dit que « les hommes naissent libres et égaux ». Les règles de la République *« Liberté, égalité, fraternité »* ont forgé la devise française.

Règlement :
C'est une loi
qui s'applique à tous
s pays de l'Union
ropéenne.

Directive : Elle fixe les objectifs à atteindre dans un temps donné. Chaque pays choisit les moyens qui lui conviennent le mieux pour réussir à l'appliquer dans son droit national.

Décision : Elle doit être respectée par les organismes qui sont concernés.

Recommandations :
Ce sont des conseils... d'amis !

À Bruxelles, **un « livre vert »** est un document qui réunit des projets à étudier, des idées... à faire mûrir. Le texte approuvé par la Commission est publié dans **un « livre blanc »**.

En attendant l'euro... les monnaies des 15 pays.

LE PARLEMENT EUROPÉEN EST LA SEULE ASSEMBLÉE INTERNATIONALE ÉLUE PAR LES CITOYENS. LES PROCHAINES ÉLECTIONS AURONT LIEU EN 1999. LE VOTE EST OBLIGATOIRE EN BELGIQUE, EN GRÈCE ET AU LUXEMBOURG. EN FRANCE ON VOTE LE DIMANCHE ; AU DANEMARK ET AU ROYAUME-UNI ON VOTE LE JEUDI.

L'Europe d'ici et d'ailleurs

PAYS ET CAPITALES... CAP SUR LES 15 !

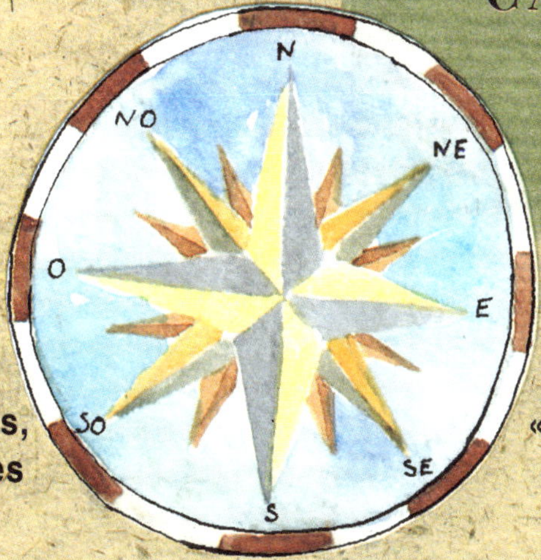

« On y trouve tous les types de reliefs, c'est moderne, mais il y a des villages très vieux aussi. »
Gabor 11 ans, Hongrois

« L'Europe, c'est pour vivre ensemble et se reconnaître. »
Myriam 9 ans, Française

« Tous les pays ont une longue histoire et il y a une belle nature. »
Franka 13 ans, Allemande

« C'est un beau continent plein de surprises. »
Sean 11 ans, Franco-Irlandais au Royaume-Uni

Grand angle sur les pays de l'Union européenne

« L'Europe est un puzzle avec des morceaux de toutes les dimensions et de toutes les couleurs. »
Nathalie, Française
en République populaire de Chine.

Pays		Superficie en km^2	Population en millions	Découpage administratif
Allemagne	R	357 000	82	16 Länder
Autriche	R	83 900	8	9 Länder
Belgique	♛ P	31 000	10,2	3 Régions
Danemark	♛ P	43 100	5,2	14 comtés
Espagne	♛ P	505 000	39,3	17 Communautés
Finlande	R	337 000	5,1	11 Départements
France	R	550 000	58,3	22 Régions + 4 outre-mer
Grèce	R	132 000	10,5	13 Régions
Irlande	R	70 300	3,6	26 Comtés
Italie	R	301 300	58,4	20 Régions
Luxembourg	♛ P	2 006	0,4	3 Districts
Pays-Bas	♛ P	34 000	15,5	12 Provinces
Portugal	R	92 000	10	18 Districts
Royaume-Uni	♛ P	244 000	58,7	90 Comtés
Suède	♛ P	450 000	9	23 Comtés

♛ : Monarchie P : Parlement R : République

« En Europe, on est ami entre pays et je trouve ça bien. »
Sophie 10 ans, Franco-Britannique

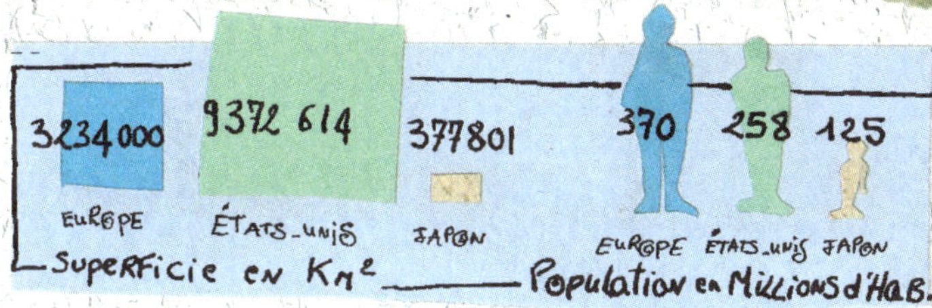

Guten Tag aus Deutschland
Bonjour d'Allemagne

Gutenberg a inventé en 1440 les procédés de **l'imprimerie** grâce à sa fabrication de lettres métalliques séparées. Son nom est écrit en « lettres CAPITALES » sur son musée à Mayence.

Les frères Grimm avaient la passion des contes : *Blanche Neige et les Sept Nains* a été lu et vu par des enfants du monde entier. Ils ont également écrit la très sérieuse *Histoire de la langue allemande* en 1848.

Révélez-moi l'énigme de la vie (...)
Dites-moi : Que signifie l'Homme ?
D'où est-il venu ? Où va-t-il ?
Là-haut, qui habite aux étoiles d'or ? (...)
Questions, Heinrich Heine

La Forêt Noire aimée des touristes est un massif montagneux coiffé de sapins aux aiguilles foncées qui ont inspiré son nom.
Une forêt Noire est aussi un délicieux gâteau au chocolat fourré de griottes.

L'automobile est l'une des grandes industries : on roule de préférence en Audi, BMW, Mercedes, Porsche, Volkswagen...

Repères

Allemagne

- Réunifiée le 3 octobre 1990 après la chute du Mur de Berlin qui divisait le pays en 2 États depuis 1945
- Appelée *Germania* par les Romains
- République Fédérale d'Allemagne
- Un président et un chancelier
- Capitale : Berlin
- Le plus peuplé des pays de l'Union européenne
- Rhin, mer Baltique et mer du Nord
- Langue officielle : allemand

Devise :
« *Unité, Droit et Liberté* »

Grüss Gott aus Österreich
Bonjour d'Autriche

L'Autriche est un pays très entouré : on compte **8 pays voisins**. Au nord : l'Allemagne, la République tchèque ; à l'est : la Slovaquie, la Hongrie ; au sud : la Slovénie, l'Italie ; à l'ouest : la Suisse, le Liechtenstein.

Gustav Klimt est un peintre de style moderne et d'art nouveau qui aime les couleurs dorées. Son œuvre la plus célèbre est *Le Baiser* (1907-1908).

Le croissant a été créé en 1683 à Vienne. Les petits pains briochés sont appelés viennoiseries en France.

Depuis plus de 1 000 ans, l'Autriche est bercée par **la musique** : concerts, opéras, bals, avec une tendresse particulière pour Wolfgang Amadeus Mozart qui, enfant, cherchait « les notes qui s'aiment entre elles », mais aussi Franz Schubert et sa *Truite*, Johann Strauss et son *Beau Danube bleu*.

« Tout est possible ici.
Rien n'est certain. »

Hermann Bahr

Repères

Autriche

- *Ostarrichi* (Autriche) est écrit pour la première fois sur un parchemin en 996
- République Fédérale d'Autriche
- Un président et un chancelier
- Capitale : Vienne
- L'Autriche est entourée de 8 pays
- Le Danube arrose Vienne
- Les Autrichiens parlent allemand

Les carillons de Noël
Dans le vent nocturne...
(...)
Les jours à venir
Glissent dans un souffle.
Qui écoute seulement si c'est une plainte
Ou le riant mois de mai
Le fleurissant, rougissant mois de mai ?
Noël, Hugo von Hofmannsthal

Goeden dag uit Belgïe
Guten Tag aus Belgien
Bonjour de Belgique

La Bourse doit son nom à la famille Van der Bursen. Leur maison de Bruges portait un écu composé de « 3 bourses » : banquiers et marchands s'y rencontraient pour y faire du commerce d'argent. **Anvers** devint la première bourse d'Europe.

La bande dessinée a son musée et sa bibliothèque à Bruxelles. Petits et grands y ont rendez-vous avec Tintin, Spirou ou... les marsupilami.

Bruegel, dit l'Ancien, a reproduit plus de 60 jeux : échasses, osselets, toupie, cerceau... dans son célèbre tableau *Jeux d'enfants* (1560), fantastique œuvre de miniaturiste.

Atlas est le nom du **premier recueil de cartes du monde** donné en 1583 par son auteur, le géographe Mercator, né à Rupelmonde.

lamands, Wallons, ce ne sont que des prénoms.
Belges est notre nom de famille. »

Antoine Clesse

Repères

Belgique

- Pays fédéré depuis 1994 : 3 communautés et 3 régions (wallonne, flamande et bruxelloise)
- Un roi, un parlement
- Capitale : Bruxelles

Bruxelles est aussi le siège de la Commission européenne

- Les Belges parlent français en Wallonie, flamand en Flandre et allemand à l'est

Devise :

« *L'union fait la force* »

Pourquoi me laisserais-je mutiler par la politique,
Quand un visage s'ouvre à mon visage,
Quand la mer Noire en moi salue la mer du Nord,
Quand les fleurs du Danube caressent mes pieds (...)
Comment encore sentir ces frontières qui séparent,
Frontières insensées, de papier et de douleur ?

Frontière, Karel Jonckheere

Goddag fra Danmark
Bonjour du Danemark

Le *Danneborg*, **le plus vieux drapeau du monde**, porte la croix scandinave blanche sur un fond écarlate. La maison royale qui a plus de 1 000 ans représente la tradition. La modernité s'illustre par un souci d'égalité entre les femmes et les hommes, et une exigence de qualité de vie et de protection contre le bruit et la pollution.

Pour **Hans Christian Andersen** : « Voyager, c'est vivre. » Inspirés par les légendes populaires, ses ***Contes*** l'ont rendu célèbre : *La Petite Sirène* et *Le Costume Neuf de l'empereur* sont dans tous les souvenirs d'enfants.

« Le Danemark est un pays où peu de gens ont trop et encore moins trop peu. »

Legoland, le pays du jouet, est construit comme son nom l'indique en brique lego (du mot *leg godt* = joue bien). En 1955, Godfried Christiansen a inventé la petite brique en plastique de toutes les couleurs pour en faire un jeu de constructions illimitées. Andersen a sa statue en lego !

Repères

Danemark

- Une reine et un parlement
- Capitale : Copenhague
- Pays des 400 îles et de la presqu'île du Jutland
- Le Groenland, la plus grande île du monde, et les îles Feroé sont danois et autonomes
- Une côte en dentelle borde la mer Baltique et la mer du Nord
- Les Danois parlent danois

Devise de la reine :
« L'aide de Dieu, l'amour du peuple, la grandeur du Danemark »

Pays de style et de confort, **ses meubles et objets** ont une ligne simple élégante et pratique. Bois, métal et verre y font bon ménage.

Deux papillons dorés se rencontrèrent
et huit ailes dorées les emportèrent
(...)
Deux piverts se livraient avec un tel entrain aux pivertes amours,
que le coucou, choqué, s'en mêlant, leur prédit
un nid rempli de folles et pivertes choses.
Printemps au fjord de Mariager, Nis Petersen

Buenos días de España
Bonjour d'Espagne

Christophe Colomb avec ses trois caravelles : la *Niña*, la *Pínta* et la *Santa María* fit la découverte du **Nouveau Monde**, l'Amérique, le 12 octobre 1492. Il fut nommé vice-roi des territoires découverts.

L'architecture espagnole est caractérisée par la diversité de ses influences arabe, romane, gothique et moderniste.
Le Siècle d'or est à cheval sur le XVIe et le XVIIe siècle : Cervantes illustre l'âme espagnole au travers de **Don Quichotte.** L'histoire de la peinture compte des génies : le Greco, Velázquez, Goya et, plus récemment, Miró, Dalí et Picasso...

(...) Tant de siècles d'olives,
les pieds et les mains liés
soleil à soleil et lune à lune,
pèsent sur vos os !

Andalous de Jaén
altiers cueilleurs d'olives
dites-moi du fond de l'âme :
à qui sont ces oliviers ? (...)

Cueilleurs d'olives, Miguel Hernandez

L'espagnol, précisément **le castillan,** est la langue officielle de 21 pays dans le monde, soit plus de **323 millions d'hispanophones** qui vivent en particulier en Amérique du Sud et aux États-Unis.

Paella : « Des pages d'histoire et de géographie enfermées dans cette bouchée de civilisation. De l'Espagne, la paella raconte les jardins, jadis maures, où poussent petits pois et poivrons, tomates et oignons... »

Télérama, 10 juin 1992

« On met longtemps à devenir jeune. »
P. Picasso

Repères

Espagne

- Retour à la royauté en 1975 (Juan Carlos)
- Un parlement (les Cortes)
- Capitale : Madrid
- Le pays compte 17 communautés dont l'archipel des Baléares et les îles Canaries
- 3 600 km de côtes : mer Méditerranée et océan Atlantique
- Au nord : industries et blé, olivier, vigne
- Au sud oranges, citrons…, et palmeraies : dattes
- Les Espagnols parlent castillan mais aussi selon les régions catalan, basque et galicien

Devise :
« *Encore au-delà* »

Hyvää päivää Suomesta
Bonjour de Finlande

Pays le plus au nord de l'Union européenne, au-delà du Cercle polaire, la Finlande forme avec les pays voisins (Suède, Norvège et Russie) **la Laponie**. Les journées d'hiver sont très courtes, c'est la nuit polaire.
À l'inverse, en juin et en juillet, le soleil se couche à peine. Le solstice d'été est fêté à la Saint-Jean. Aurores boréales... des mots de rêve !

Pays aux 180 000 lacs, on peut y pêcher des idées de menus : saumons, truites, brochets, omble chevalier et hareng de la Baltique.
Les forêts ont leurs hôtes : ours, loups, élans, renards, écureuils et lièvres qui, l'hiver, revêtent leur pelage de saison pour ressembler à une boule de neige.

Repères

Finlande

- *Suomi-Finland*, 2 noms pour un pays : Suomi est en finnois, Finland est en suédois
- République constitutionnelle, un président
- Capitale : Helsinki
- Bordée par la mer Baltique, la Russie à l'est
- Forêt : industries du bois et du papier
- Énergie nucléaire et élevage de rennes
- Les Finlandais parlent le finnois (90 %) et le suédois

Le *Kalevala* est le monde fantastique des **mythes et légendes finlandais** recueillis par un médecin, Elias Lönnrot, qui savait écouter ses malades et leurs histoires populaires. Il a également inspiré les musiciens et les peintres.

Le rituel du **sauna**, bain de chaleur selon la méthode finlandaise, est une cure de santé pour le corps et l'esprit.

N'est-ce pas hier
que la blonde fille de la forêt fêta ses noces
et que tous étaient si gais ?
Elle était l'oiseau léger et la source claire (...)
elle avait emprunté le pipeau du coucou
et allait en jouant de lac en lac (...)
La Blonde Fille de la forêt, Edith Södergran

Bonjour de France

« Je pense, donc je suis » est une des plus célèbres pensées du philosophe **Descartes**, né il y a plus de 400 ans à La Haye, un village de France rebaptisé Descartes.

Il nous l'explique dans son livre le *Discours de la méthode* publié aux Pays-Bas où il vécut 20 ans. On dit que les Français sont « cartésiens » lorsqu'ils cherchent à tout comprendre.

Au Moyen Âge, à l'université, on enseignait **les arts de l'esprit** : l'arithmétique, la géométrie, l'astronomie, la musique, la grammaire, la rhétorique (l'art de bien parler) et la logique.

Les Beaux-Arts sont l'architecture, la sculpture, la peinture, la gravure, la musique et la chorégraphie. Le cinéma est intitulé le 7ᵉ art, la télévision le 8ᵉ art, la bande dessinée le 9ᵉ art. Et l'art de vivre ?

Après la Révolution française, l'Assemblée voulut unifier **le système des poids et mesures.** La taille d'un mètre sera fixée selon la mesure du méridien. Des calculs savants vont donner un système de mesure : **le système métrique.** Il deviendra obligatoire en France le 1er janvier 1840 et sera adopté presque partout.

« …a France est le plus …atin des pays d'Europe …u Nord, et le plus …ordique des pays …'Europe du Sud. »

Entre le soleil et l'ombre
chaque corps creuse la lumière
et se débat
dans les copeaux du ciel

Vivre nous inquiète
Aimer nous rassure
S'il le fallait
notre ombre témoignerait pour nous.

Rien n'est à nous
Ni le vent
ni la mer
ni l'écume

Ni les odeurs
ni l'ombre qui nous accompagne
Notre envie de marcher
justifie le chemin

Notre envie et rien d'autre (...)

Alain Boudet

Repères

France

- République depuis 1792
- Ve République depuis la Constitution de 1958
- Un président, un parlement
- Paris, la capitale, s'appelait Lutèce lorsque la France s'appelait la Gaule
- Mers, plaines, montagnes et un puzzle de 36 500 communes
- Aéronautique, technologie, agro-alimentaire, tourisme
- Langue officielle : français

Devise républicaine :
« *Liberté, Égalité, Fraternité* »

Kaliméra apo tin Ellada
Bonjour de Grèce

La Grèce antique comptait beaucoup de scientifiques et de philosophes. **Le théâtre** faisait partie des réjouissances populaires : mythes et légendes inspiraient tragédies ou comédies. À la veille de l'an 2000, Sophocle, grand tragédien parmi les grands, est toujours à l'affiche.

Les premiers jeux Olympiques ont eu lieu en 776 avant notre ère. Tous les 4 ans (une olympiade), les athlètes venaient à Olympie, et leur cité devait faire la paix au moins le temps des jeux.

Hippocrate est, depuis 23 siècles, le médecin le plus illustre. Il cherchait à comprendre les symptômes des maladies afin d'avoir un diagnostic et un pronostic pour mieux soigner ses patients. Il est le père de l'art médical et l'a enseigné dans l'école de médecine qu'il a créée à Cos. Aujourd'hui encore la plupart des jeunes médecins diplômés prêtent **le serment d'Hippocrate,** sauf en Finlande, au Luxembourg et au Royaume-Uni.

Homère et ses poèmes légendaires : l'*Iliade* et l'*Odyssée* est un monument de la littérature grecque devenue universelle.

Repères

Grèce

- *Hellas* est son nom officiel
- Retour de la République en 1974
- Un président et un parlement
- À la porte de l'Orient, pays de mer (2 000 îles) et de montagne (mont Olympe 2 917 m)
- Capitale : Athènes
- Flotte commerciale et construction navale
- Langue officielle : grec moderne

Ô soleil (...)
je vous implore de n'oublier jamais mon pays
Il a de hautes montagnes aux allures d'aigles
sur ses volcans chaînes des vignes
Des maisons blanches voisines de l'azur
Et si mon pays frôle un peu l'Asie
s'il s'adosse légèrement à l'Europe
voici qui se dresse seul entre le ciel et la mer.

Axion Esti, Odysseas Elytis

Dia Duit do hEeireann
Hello from Irlande
Bonjour d'Irlande

Les Celtes sont arrivés en Irlande au VIe siècle avant notre ère. Vers les années 400, l'évêque Patrick va convertir l'Irlande au christianisme. On dira qu'elle est « l'île des savants et des saints ». **Saint Patrick,** patron du pays, est fêté par les Irlandais du monde entier le 17 mars. Ce jour-là, tout le monde s'habille en vert. Peut-être est-ce le *shamrock,* le trèfle à 3 feuilles, emblème du pays, qui a fait dire à Diderot : « L'Irlande est un pays où on trouve toutes sortes de verts. »

Terre d'inspiration, 4 écrivains ont eu un **prix Nobel de littérature** comme George Bernard Shaw dont les répliques au théâtre ne manquent pas d'humour, ou Samuel Beckett qui a vu son œuvre récompensée en 1969. Les écrivains y ont toujours une place privilégiée : ils ne paient pas d'impôts.

Hallowe'en *(All Hallows Eve)* : la veille de la fête de tous les saints, le 31 octobre, est une fête d'origine celtique à laquelle étaient invités tous les fantômes et les sorcières avec leurs navets sculptés transformés en lampions, *Jack'o lantern.* Ce sont maintenant des citrouilles creusées en forme de tête éclairée de l'intérieur. Les mots magiques : *« trick or treat »* (des bonbons sinon gare à la blague !).

Chaque fois que je vois de tendres yeux noisette
Et des cheveux châtains,
Je songe aux jours heureux d'antan, et vous regrette,
Filles de Limerick.
Je montais à Cratla, par les bois effeuillés,
Avec vous j'y cueillais
Les bouquets de ces fruits arrachés aux branchettes
Des arbustes ployés.

Le tablier plein de noisettes, Samuel Ferguson

« Nous autres Irlandais, sommes les plus beaux parleurs qui aient jamais existé depuis les Grecs. »

OSCAR WILDE

Repères

Irlande

- Une île divisée en 2 parties depuis 1921 :

– Au sud, la République d'Irlande (proclamée en 1949)

- Une présidente, un parlement
- Capitale : Dublin
- Mer et terre étaient les principales ressources, aujourd'hui il y a des industries : pharmacie, informatique… et tourisme
- Les Irlandais parlent l'anglais et l'irlandais (ou gaélique)

– Au nord, l'Irlande du Nord : majoritairement protestante est une région du Royaume-Uni

Buongiorno dall'Italia
Bonjour d'Italie

Léonard de Vinci a les talents d'artiste et d'inventeur : il aime imaginer l'inimaginable, il aime aussi représenter la beauté. *La Joconde*, au sourire énigmatique depuis 1507, est l'une des œuvres achetées par François Ier, roi de France. Tableau de 0,407 m², il est au musée du Louvre à Paris.

Arlequin est depuis 3 siècles le personnage haut en couleur de la commedia dell'arte. Tour à tour bouffon, philosophe, pince-sans-rire, il sait nouer les intrigues et tirer les ficelles du jeu. Arlequin joue toujours dans les théâtres d'Europe. Chaque année, il donne rendez-vous au carnaval de Venise avec son habit de losanges et son loup noir.

Le 25 mars 1957, événement à Rome : la Communauté économique européenne est créée par **la signature du traité de Rome** entre les 6 pays fondateurs (l'Allemagne, la Belgique, La France, l'Italie, Le Luxembourg et les Pays-Bas).

Rome, la capitale, abrite le plus petit État du monde : **le Vatican**. Reconnu en 1929, ses 850 habitants ont pour chef d'État le pape. L'État de la Cité du Vatican, inscrit au patrimoine artistique mondial, a son propre drapeau, sa poste, sa radio et son journal.

REPÈRES

Italie

- Devenue République en 1946
- Un président élu par le Parlement
- Capitale : Rome
- Les Apennins : montagne qui parcourt tout le pays jusqu'en Sicile où se trouve l'Etna, le plus haut volcan actif d'Europe.
- Industries automobiles, textile, huile d'olive
- Mer Méditerranée
- Villes d'art : Venise, Florence, Syracuse
- Langue officielle : italien

« Il faut contempler,
Il faut penser.
Qui pense peu se trompe beaucoup. »

LÉONARDO DA VINCI

J'habite mon cerveau
comme un propriétaire tranquille ses terres.
Toute la journée mon travail
est de les faire fructifier
et mon profit de les faire travailler.

J'habite mon cerveau, Valerio Magrelli

Gudde moïen vun Lëtzebuerg
Guten Tag aus Luxemburg
Bonjour du Luxembourg

Luxembourg est le siège de la Cour de justice européenne et du secrétariat général du Parlement. La ville de **Schengen** a donné son nom à la convention qui permet la libre circulation des personnes à l'intérieur de l'Union européenne.

Il y avait des Pâques si fleuries
qu'on ne savait pas où poser le pied
pour n'écraser les œufs durs dans leurs nids,
pondus et peints par le coq du clocher.

Et des Noëls si blancs que les abeilles
avaient changé leurs ruches en igloos (...)
Le Chœur des joies, Paul Palgen

Important centre financier international, Luxembourg était appelé autrefois **la Gibraltar du Nord** pour sa citadelle fortifiée par Vauban.

En 1924, **François Anen**, à l'aide d'un petit émetteur, retransmet des concerts et des pièces de théâtre populaires.
En 1933, **Radio Luxembourg** devient une station moderne avec des émissions d'information et de musique. En 1954, elle est la station la plus puissante d'Europe ; en ajoutant le « T » de télévision à son sigle, cela devient RTL.

« Une hirondelle en ses voyages avait beaucoup appris. Quiconque a beaucoup vu peut avoir beaucoup re
Jean Portante

Jacques Santer, né à Wasserbililig, fut Premier ministre du Luxembourg avant d'être nommé Président de la Commission européenne le 1er janvier 1995.

Repères

Luxembourg

- Un chef d'État : le Grand-Duc, une Chambre des députés
- Capitale : Luxembourg
- Le plus petit pays de l'Union européenne (82 km x 57 km) et le plus riche aussi
- Pays de châteaux et de forêts
- Vignobles de Moselle
- Les Luxembourgeois parlent le luxembourgeois, langue nationale. Le français et l'allemand sont les langues administratives utilisées également dans la presse et à l'école

Devise :

« Nous voulons rester ce que nous sommes »

Groeten uit Nederland
Bonjour des Pays-Bas

Érasme, en latin Desiderius Erasmus, de son vrai nom Gerhard Gerhardszoon, est né vers 1469 à Rotterdam. Intellectuel de son temps, sa pensée était faite de sagesse et de bon sens. Il croyait en l'homme qui a la capacité de comprendre les mystères du monde : c'était un **humaniste** et l'un des maîtres à penser de l'Europe du Moyen Âge.

Avec la main droite, écrire le mot poire
tandis que la main gauche pèle l'objet pomme
La réalité rend les choses plus belles qu'elles ne sont
Beaucoup de questions, pas d'énigmes.
Gerrit Kouwenarr

Rotterdam, le plus grand port du monde, s'est développé autour du double delta du Rhin et de la Meuse relié à la mer du Nord. Ses activités industrielles sont liées au gaz naturel et au pétrole. Le Rhin, la Meuse, l'Escaut et les ports de Rotterdam et d'Amsterdam permettent un trafic très important.

Vermeer avait le talent de la couleur bleue lumineuse : portrait de la *Jeune Fille à la perle* ou de *La Jeune Femme en bleu lisant une lettre*. **Van Gogh** avait celui de la couleur jaune : *Nature morte aux tournesols*, peint avec la complicité du soleil de Provence où il a séjourné.

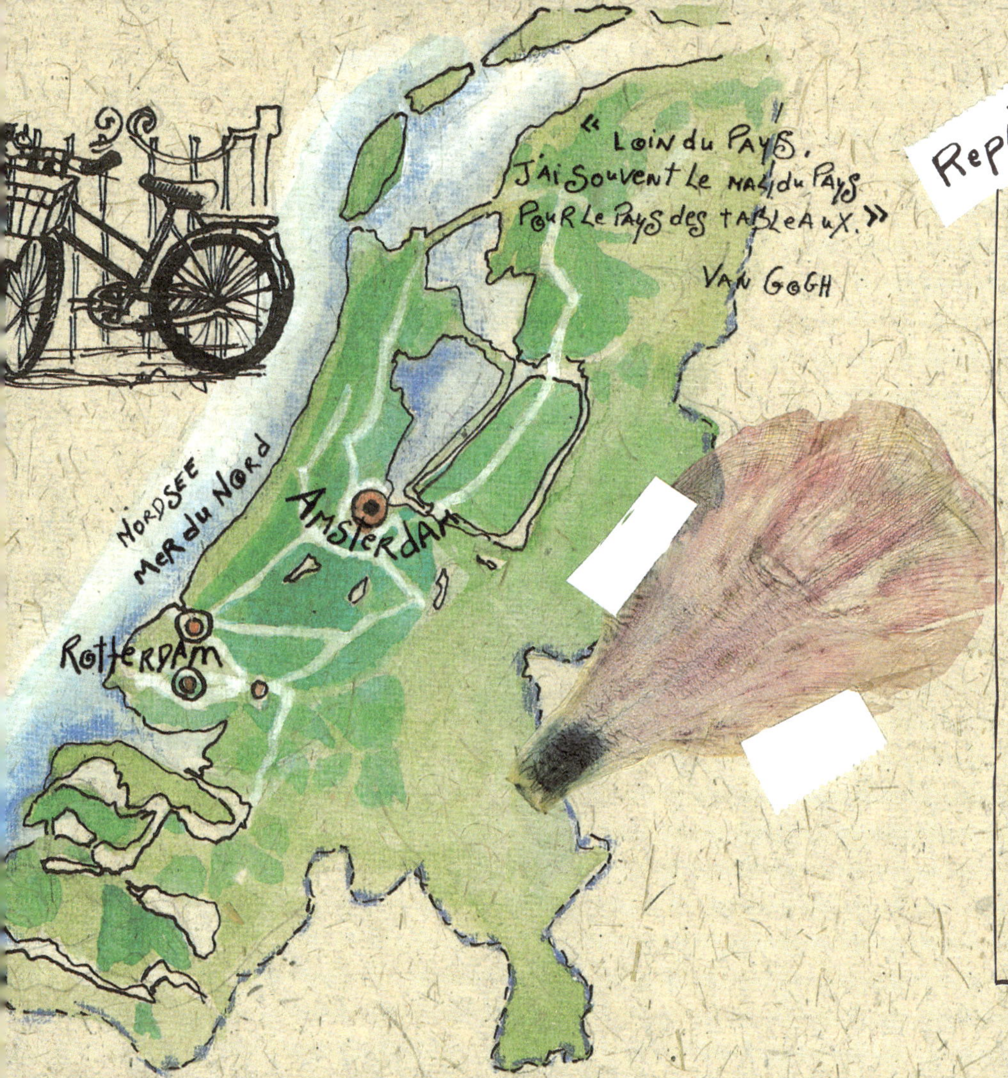

Repères

Pays-Bas

- Une reine chef de l'État et un parlement
- Amsterdam est la capitale ; le siège de la couronne et du gouvernement sont à La Haye
- Pays-Bas (traduction de *Nederland*) est le nom du pays, Hollande est le nom d'une province
- Les polders sont des terres gagnées sur la mer du Nord
- La ville de Maastricht a donné son nom au traité qui a créé l'Union européenne en 1992
- La tulipe a plus de 400 ans, mais elle a toujours la cote sur le marché mondial des fleurs
- Les Néerlandais parlent néerlandais

Devise :

« Je maintiendrai »

Bom Dia de Portugal
Bonjour du Portugal

Vasco de Gama découvrit la route des Indes en 1498.

Comme **Henri le Navigateur**, il avait la passion des caravelles, de la boussole pour ne pas perdre le nord, de l'astrolabe pour calculer la position entre les astres et l'horizon. Le drapeau adopté en 1911 porte les armoiries rappelant le rôle du Portugal dans les découvertes.

Au XVIe siècle, **Luis de Camoës** écrivit en vers une épopée historique inspirée de l'histoire du pays et de la découverte des Indes : *Les Lusiades*. Le 10 juin est jour de fête nationale, en hommage à ce poète mort le 10 juin 1580.

Azulejos vient du nom arabe « *alzuleig* » qui signifie petite pierre polie. C'est un carreau de faïence qui décore joliment les murs et les façades depuis le Moyen Âge.

La forêt est une ressource essentielle : **les chênes-lièges** fournissent la première production mondiale de liège qui sert sans aucun doute à fabriquer les bouchons du fameux vin de Porto.

L'Europe est là, sur les coudes couchée (...)
Et sur sa main le visage appuyé
Dont le regard de sphynx fixe, fatal,
l'Occident, futur du passé. Altière,
La face qui fixe est le Portugal.
Les Châteaux, Fernando Pessoa

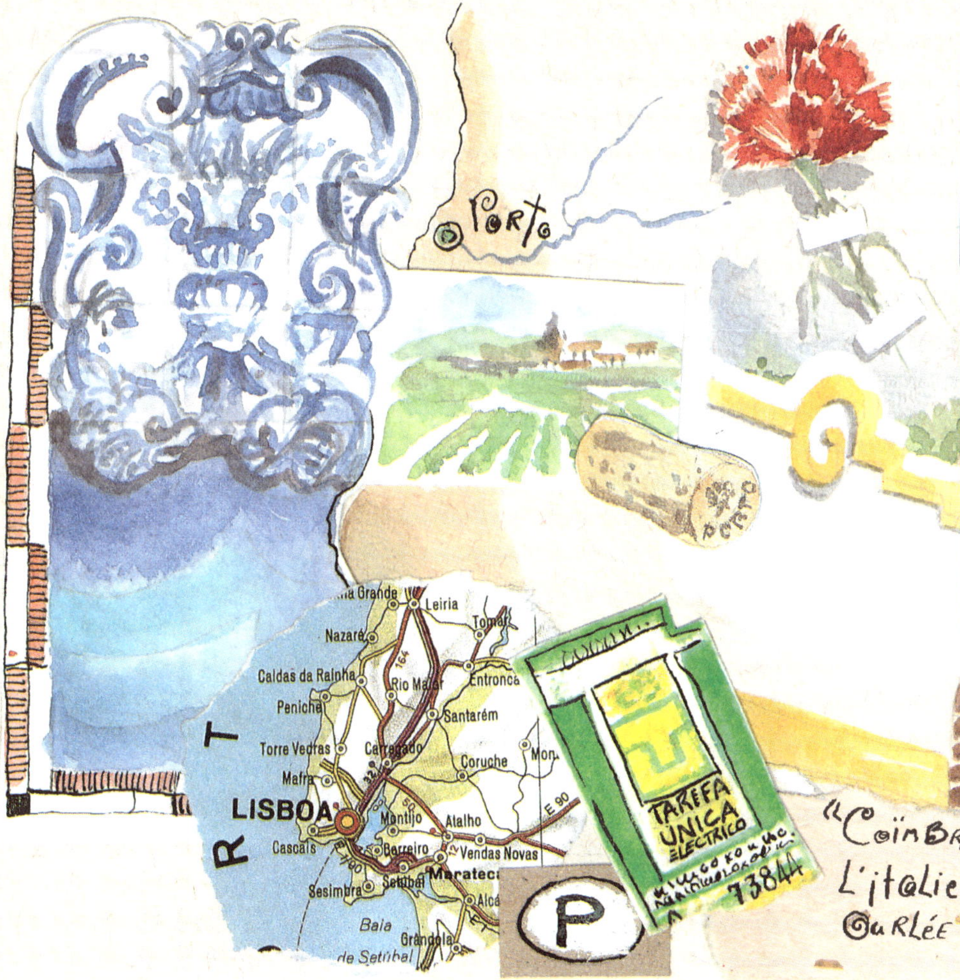

Repères

Portugal

- La République est décrétée en 1910 et c'est la Révolution des œillets, le 25 avril 1974, qui libère le pays de la dictature
- Un président et une Assemblée de la République
- Capitale : Lisbonne.
Lisbonne est aussi un port
- Le nom latin du Portugal est *Lusitania*
- Les Açores et son anticyclone, Madère
- Oliviers, élevage, sidérurgie, chimie, électronique et tourisme
- Langue officielle : portugais

« Coïmbra pourrait être la Grèce et l'Italie réunies sur la même colline ourlée de peupliers et d'oliviers. » Miguel Torga

Hello from United Kingdom
Bonjour du Royaume-Uni

Isaac Newton a construit le premier télescope en 1673. En observant une pomme tombant d'un arbre, il en déduisit le principe d'attraction des planètes autour de la terre. Il est l'auteur des lois de **la gravitation universelle.**

Le méridien de Greenwich, près de Londres, va du pôle Nord au pôle Sud, en passant par le milieu de la cour du Old Royal Observatory (musée national de la Marine). Depuis 1884, le Greenwich Meantime (GMT) fixe **l'heure universelle.** Selon les fuseaux horaires et les saisons (heure d'été ou heure d'hiver), les pendules d'Europe ont une ou deux heures de décalage.

En 1762, **John Montaigu**, comte de Sandwich, n'ayant pas le temps d'arrêter de jouer pour manger, se fit préparer par son cuisinier une tranche de viande glissée entre deux tranches de pain beurré : **le sandwich** était inventé.

Voir le monde en un grain de sable,
Un ciel en une fleur des champs,
Retenir l'infini dans la paume des mains
Et l'éternité dans une heure.
Augures d'innocence, William Blake

« Le temps n'a pas
la même allure
pour tout le monde. »

William Shakespeare
(Le Roi Lear)

Le *Penny black* est **le plus vieux timbre-poste du monde.** Inventé par Rowland Hill, il a été mis en circulation le 10 janvier 1840. Ce premier timbre représente le profil de la reine Victoria lorsqu'elle avait 15 ans. Tour à tour chaque pays du monde émettra ses propres timbres. Seul le portrait de la reine Elizabeth permet de reconnaître les timbres britanniques qui aujourd'hui encore ne portent pas le nom du pays.

Repères

Royaume-Uni de Grande-Bretagne et d'Irlande du Nord

- Constitué du Pays de Galles, de l'Écosse, de l'Irlande du Nord et de l'Angleterre
- Une reine et un parlement
- L'*Union Jack* : le drapeau représente les croix de Saint-George (Angleterre), de Saint-Andrew (Écosse) et de Saint-Patrick (Irlande)
- Île devenue « presqu'île » avec l'ouverture du tunnel sous la Manche.
- Industries du pétrole en mer du Nord
- Finances à la « City »
- Les Britanniques parlent anglais

Devise :
« Dieu et mon droit »

Hälsning från Sverige
Bonjour de Suède

Alfred Nobel, qui inventa la dynamite, donna toute sa fortune pour récompenser des œuvres de paix et des talents scientifiques et littéraires. Le premier **prix Nobel de la paix** a été remis en 1901 au Suisse Henri Dunant, fondateur de la Croix-Rouge.

Selma Lagerlöf fut la première femme prix Nobel de littérature en 1909 avec son superbe livre, *Le Merveilleux Voyage de Nils Holgersson* : dans une aventure émouvante, Nils visite la Suède sur le dos d'une oie sauvage.

Anders Celsius est le physicien grâce à qui on peut lire cent graduations sur le thermomètre : – 10° Celsius (ou centigrades) est la température moyenne de l'hiver suédois, et + 20 °C celle de l'été.

Pratique, facile à ranger et incassable, **la boîte en forme de berlingot** destinée à contenir du lait, des jus de fruits... est l'invention de l'industriel Ruben Rausing en 1951.

« Je ne sais quel nom
les hommes lui donnent.
Nous autres
les oies cendrées
l'appelons
la ville-qui-flotte
-sur-l'eau. »
Selma Lagerlöf

Repères

Suède

- Un roi et un parlement
- Capitale : Stockholm
- La Suède et la Norvège forment la péninsule Scandinave
- Forêts, lacs et montagnes
- Industrie traditionnelle (bois) et technologie de pointe
- Mer Baltique et mer du Nord
- Langue officielle : suédois

Devise :

« Pour la Suède en notre temps »

J'ai deux côtés comme tout le monde
L'un danser – tout le temps !
L'un dormir – tout le temps !
L'autre chanter – tout le temps !
L'autre se taire – tout le temps !
Penser dormir chanter se taire...
Lars Forssell

Parles-tu européen ?

« C'est un peu comme l'Amérique avec ses États, sauf qu'en Europe chaque pays a sa langue et sa culture. »

Sean 16 ans,
Luxembourgeois-Irlandais en France

« L'Europe, c'est la mine de toutes les civilisations. La langue et les idées sont différentes selon les pays. »

Éliane 14 ans,
Camerounaise

« L'Europe, c'est le point de départ des langues : on parle espagnol en Amérique du Sud, portugais au Brésil, anglais en Amérique du Nord et français ici et là. »

Gaël 13 ans, Français

L'Union européenne a 11 langues officielles

« Nous avons parlé européen,
c'est une langue qu'il nous faudra apprendre ensemble. »
Traité de Lugano (1926), Aristide Briand

Les langues que nous parlons en Europe viennent des peuples indo-européens installés sur le continent, plus de 3 000 ans avant notre ère. Les langues latine et germanique sont les deux grandes familles. L'espagnol, le français, l'italien ou le portugais ont pour racine le latin, la langue de la Rome antique. On dit que ce sont des langues romanes. Le grec moderne, même écrit en lettres latines, a gardé son originalité. L'allemand, l'anglais, le danois, le néerlandais et le suédois ont un air de famille germanique, tandis que le finnois ou suomi appartient au groupe des langues « finno-ougriennes » comme le hongrois.

« La culture est la langue commune de l'Europe. »
Fernand Braudel

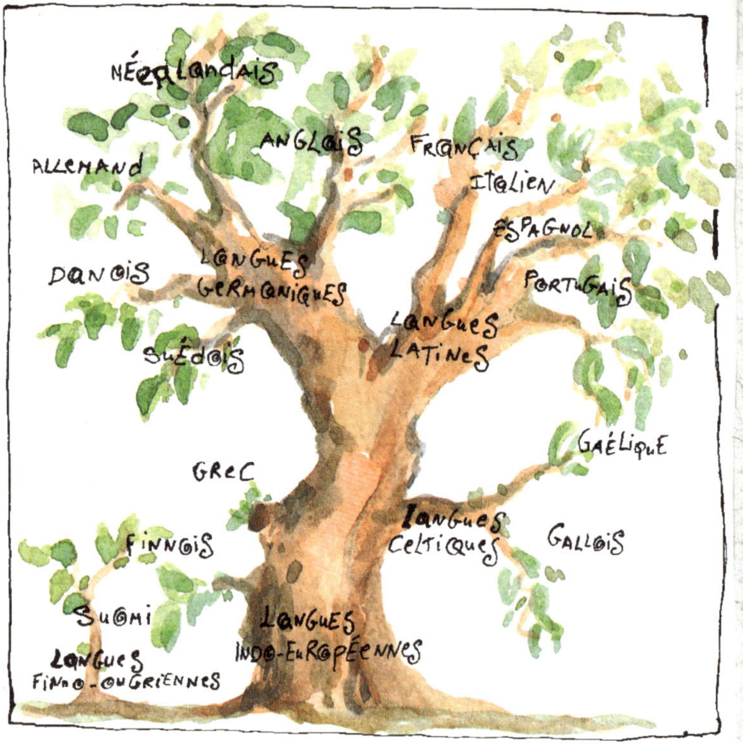

Arbre des langues européennes

Racines et tronc communs mais à chaque langue sa branche

Dans le cadre de l'Union européenne, **l'allemand, le français, l'anglais** sont des langues dites « **langues principales** » et sont les plus utilisées. Toutefois le *Journal Officiel des Communautés européennes (JOCE)* publie les décisions et les lois communautaires dans les **11 langues officielles.** Bruxelles, Strasbourg et Luxembourg sont les villes préférées des interprètes et des traducteurs.

La « **langue des signes** » est l'expression de gestes des doigts et des mains qui permet de communiquer lorsqu'on n'entend pas.

Le « **braille** » est formé de lettres en relief qui se lisent du bout des doigts lorsqu'on ne voit pas. Louis Braille s'est inspiré des 6 points des dominos pour créer son alphabet.

Des mots... qui ont des airs de famille

Espagnol	Français	Italien	Portugais	Allemand	Anglais	Danois	Néerlandais	Suédois	Grec	Finnois
Ocho	Huit	Otto	Oito	Acht	Eight	Otte	Acht	Åtta	Okhto	Kahdeksan
Noche	Nuit	Notte	Noite	Nacht	Night	Nat	Nacht	Natt	Nykhtal	Yö
Gato	Chat	Gatto	Gato	Katze	Cat	Kat	Kat	Katt	Ghata	Kissa
Beso	Baiser	Bacio	Beijo	Kub	Kiss	Kyt	Kus	Kyss	Phili	Suukko

Alpha, Beta... Alphabet

Les deux premières lettres grecques ont donné le mot alphabet. Si les langues européennes s'écrivent en lettres latines, elles n'utilisent pas toutes le même nombre de lettres de l'alphabet : on compte 26 lettres en français, 23 en portugais et 21 en italien qui n'utilise pas le J, K, W, X, Y. Certaines lettres sont originales lorsqu'elles sont accompagnées de petits signes particuliers :

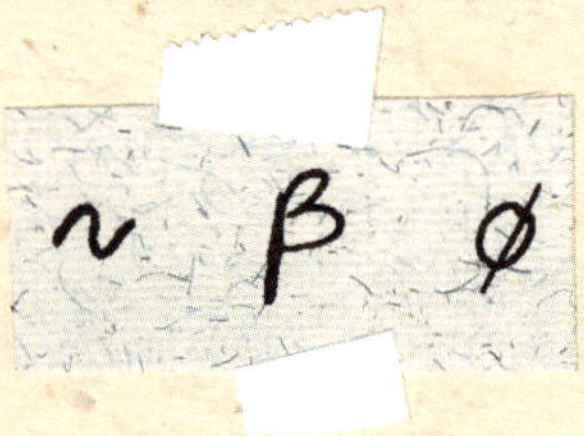

Le Y est en vacances en Angleterre
car le mot qu'il préfère
comme les écoliers français
est le mot « holiday »
le I talien qui est son ami lui a dit « arrivederci »
et est reparti en Ferrari
Les voyelles qui ont des ailes sont les voix amies
des hommes de tous les pays.
Y... comme Y, Joël Sadeler

Gallicisme, anglicisme, belgicisme...

Toutes les langues évoluent, leur vocabulaire s'enrichit de **mots empruntés aux voisins :** « piano, opéra » sont italiens. Le français était la langue de l'Angleterre au XIIe siècle et la devise du Royaume-Uni est restée en langue française : « *Dieu et mon roi* ». L'anglais a adopté de nombreux mots tels que « restaurant, menu... » : on dit que ce sont des **gallicismes.** À l'inverse, les mots anglais « sandwich, gadget, week-end... » utilisés en français sont des **anglicismes.**

Le français de Belgique a ses nuances ; ainsi les Belges préfèrent dire « **septante** » ou « **nonante** » plutôt que soixante-dix ou quatre-vingt-dix.

Au-delà des mots…

On ne s'exprime pas qu'avec des mots. Le ton de la voix mais aussi les gestes, les traits du visage, l'attitude parlent pour nous. Tout se voit et se devine, on dit que, dans les pays latins, on parle avec les mains. Il est probable que dans le monde entier « rire » est signe de joie de vivre, mais si parfois on pleure de joie, le plus souvent les larmes expriment le chagrin.

Les paysages et les villes ont **des repères pour nous orienter.** Ainsi le code de la route a fixé des règles de circulation rappelées sur des panneaux de signalisation.

Les **pictogrammes** ou les « **enseignes** » accrochées aux magasins nous renseignent en un clin d'œil. La plupart des pays et des régions ont **un blason** en forme d'écu qui, en quelques symboles, rappelle son histoire. Sa forme moderne est le **logo** qui veut être un message stylisé plutôt publicitaire et commercial.

Les sigles

On utilise souvent des lettres pour abréger un groupe de mots. Certains sigles sont très connus, par exemple « BD » pour bande dessinée ; d'autres peuvent prêter à confusion : **« UE »** signifie **Union européenne** en français, les anglophones le traduisent par *European Union*, soit « EU ». Attention, car « EU » peut vouloir dire *États-Unis*, même si en Europe nour préférons utiliser « USA » (*United States of America*).

Sur toute la planète, la couleur **rouge** signifie « stop », danger, attention ou interdit. Le feu **vert** donne à l'automobiliste le droit de rouler et le signal vert autorise le piéton à traverser la rue sur le passage protégé.

Une langue universelle : la musique

« Mon piano, c'est ma parole, c'est ma vie. »
Franz Liszt, Hongrie

« Là où s'arrêtent les mots commence la musique. »
Joseph Haydn, Autriche

« La musique a 7 lettres et l'écriture 26 notes. »
Joseph Joubert, France

Peut-on entendre sans écouter ?
Écouter de la musique est souvent l'occasion de partager des goûts, des sentiments ou des émotions. *L'Ode à la Joie*, **l'hymne européen,** est une mélodie qui, au-delà des mots, au-delà des langues, unit les Européens.

SAXOPHONE VIENT DU NOM DE SON INVENTEUR BELGE, ADOLPHE SAX.

Le petit musicien
Rêve de diriger
Le Concert des Nations
– « Doucement les basses ! »
(...)
Accorde les violons,
Improvise
Avec le cor diplomatique
Un arrangement...
Échanges de notes
Accords parfaits...
Harmonies sur le monde...

Le Concert des Nations, Roland Bacri

Dans **un orchestre,** chaque famille d'instruments a sa place. Cuivres, bois, cordes, percussions, piano vont devoir s'accorder : c'est le travail des musiciens.

Les 15 pays de l'Union européenne ont à leur manière **une partition difficile à jouer** et ont parfois des fausses notes à déjouer... **pour être en harmonie.**

MÉMO ABRÉGÉ DE MÉMORANDUM, MOT D'ORIGINE LATINE, SIGNIFIANT : NOTE D'INFORMATIONS À NE PAS OUBLIER

Donner sa langue au chat

LA « **LANGUE DE BOIS** » EST LA SPÉCIALITÉ DES GENS QUI PARLENT POUR NE RIEN DIRE. LA « **LANGUE VERTE** » UTILISE UN CHOIX DE MOTS QUI FAIT PARFOIS ROUGIR.

Des mots venus de l'Olympe grec :

- **Panique** vient de Pan, le dieu des bergers qui jouait à merveille de sa flûte de roseau mais qui avait des sabots, des poils et des cornes de chèvre sur une tête d'homme. Avec un peu d'imagination, les sons de la nuit provoquaient une peur… « panique ».
- **Une réponse « laconique »** est une réponse très brève. En Laconie et à Sparte, la règle était de parler avec le moins de mots possible afin de ne pas donner d'informations aux ennemis.

Le **E** est la lettre la plus utilisée en français et en <u>E</u>urop<u>E</u>.
EEE = l'Espace économique européen comprend les pays de l'Union européenne ainsi que l'Islande, le Liechtenstein, la Norvège et la Suisse.

Tennis vient de « tenez » que criait le joueur en lançant la balle au jeu de paume. Sur terre battue ou sur gazon, le tennis est un sport international. Le tennis de table est souvent appelé, de son nom anglais, ping-pong.

RYTHMES ET MODES DE VIE

« En Europe, les habitudes de vie sont très variées, ainsi que les paysages et le climat. »

Vincent 11 ans, Français au Sénégal

« L'Europe, c'est aussi une grande bande de copains. »

Marc 12 ans, Français

« Les pays s'unissent pour donner une meilleure vie aux gens, comme les progrès dans la santé. »

Eugène 10 ans, Français au Royaume-Uni

« Les gens qui vivent dans les pays européens se ressemblent beaucoup. »

Liselotte et Suzanna 16 et 17 ans, Suédoises

« C'est un continent réunissant toutes les races du monde. »

Nadège 13 ans, Camerounaise

« C'est un continent ancien qui a plein de traditions. »

Clara 13 ans et Rita 15 ans, Portugaises

Les deux facettes de l'Europe : Nord et Sud

Le climat, la langue, la religion, la végétation ne s'arrêtent pas aux frontières, **les modes de vie** non plus. Nordiques ou latins, on dit que les Européens du Nord et du Sud ont une mentalité différente. Les saisons donnent aux paysages leurs couleurs et aux menus leurs saveurs.

Dans chaque pays, **la campagne** représente la nature et la tradition. **Les villes** ont une image de modernité qui attire les jeunes. Mais le chômage rend la vie difficile, c'est pourquoi il faut oser, par exemple, aller travailler dans un autre pays pour enrichir son expérience.

En Europe, **l'égalité des chances** entre les femmes et les hommes est souhaitée, mais les femmes ont souvent moins de responsabilités dans leur travail et en politique. Par exemple, les Danoises ont eu le droit de voter en 1915, les Françaises seulement en 1944, et les Grecques en 1952.

Au Sud poussent les oliviers, les orangers ou les palmiers ; le climat est méditerranéen. On vit à l'extérieur lorsqu'il fait doux et à l'intérieur des maisons pendant les heures chaudes d'été ; certains ont l'habitude de faire une sieste car on dîne tard et on ne se couche pas tôt.

Au Nord, le départ des oiseaux migrateurs indique l'arrivée du froid et, bon signe, leur retour annonce le printemps. L'hiver est long et les journées sont courtes ; on reste volontiers au chaud dans les maisons confortables. Les régions de montagne sont coiffées de pins et de sapins aux odeurs de résine. En plaine, on trouve des bouleaux, des peupliers, des pommiers et d'autres arbres fruitiers.

AU SUD, LES FEMMES S'EMBRASSENT, LES HOMMES SE DONNENT UNE ACCOLADE OU DES TAPES AMICALES DANS LE DOS. **AU NORD,** ON SE SALUE DE MANIÈRE PLUS RÉSERVÉE, SOUVENT D'UNE POIGNÉE DE MAIN. EN FRANCE, ON FAIT LES DEUX ; LES BISES SONT RÉSERVÉES À LA FAMILLE ET AUX AMIS.

Des goûts et des saveurs

Les souvenirs d'enfance sont remplis d'odeurs et de saveurs, sucrées ou salées, grignotées à la cuisine, à la récréation ou dans la rue. Selon les pays, on préfère le *smorrebroad* danois, la *pita* grecque, le *bretzel* allemand, la *cramique* ou les *speculoos* belges, le croissant français, les *pasteis de natas* portugais, les *muffins* et les *scones* britanniques, les *tapas* espagnoles ou le *makkara* finnois.

La lune prend
Son petit déjeuner.
Voyons, dit-elle,
Je vais commencer
Avec le croissant...
Liska

C'est en Allemagne et au Danemark que l'on mange le plus de pain. Le petit déjeuner est copieux et on dîne tôt. **Les plats du Nord** sont souvent mijotés avec des graisses animales, parfois de la bière et servis avec des pommes de terre, tandis qu'**au Sud**, on utilise beaucoup l'huile d'olive, l'ail, le thym et les tomates du jardin ou du marché.

Calendrier

Le mot latin « *calendes* » désignait le premier jour de chaque mois ; il a donné « **calendrier** ». Les lois de l'astronomie et l'observation de la nature ont permis de compter 365 jours et quelques heures dans une année.

Chaque religion avait son calendrier, mais le pape Grégoire XIII, en 1582, a réformé le rythme des années bissextiles. Le calendrier dit « **grégorien** » a été peu à peu adopté dans le monde entier. Le mois de février a 29 jours tous les 4 ans et l'an 2000 sera bissextile.

Les religions
En Europe, **le christianisme** s'est imposé avec différents courants de pensée. On retrouve aujourd'hui **les orthodoxes** en Grèce et dans certains pays de l'Est. **Les protestants,** constitués en plusieurs Églises : luthériens, calvinistes..., sont nombreux au Nord. **L'Église anglicane** est présente au Royaume-Uni, tandis que **les catholiques** sont en nombre dans les pays latins et en République d'Irlande. Les églises de tout style sont situées au centre des villes et villages. Les autres religions ont aussi leurs lieux de culte, en particulier des synagogues pour **les juifs** et des mosquées pour **les musulmans.**

S'il est nécessaire d'avoir une heure universelle et un calendrier officiel, les différentes communautés fêtent **les dates symboliques** selon leur religion et leurs traditions.

Fêtes et jours fériés

Chaque pays a ses jours fériés (on ne travaille pas). **La fête nationale** rappelle aux citoyens une date qui a marqué leur histoire. **Les fêtes religieuses** ou **traditionnelles** sont souvent gourmandes, avec un menu spécial et des coutumes qui se transmettent de génération en génération.

Principaux jours fériés de l'UE

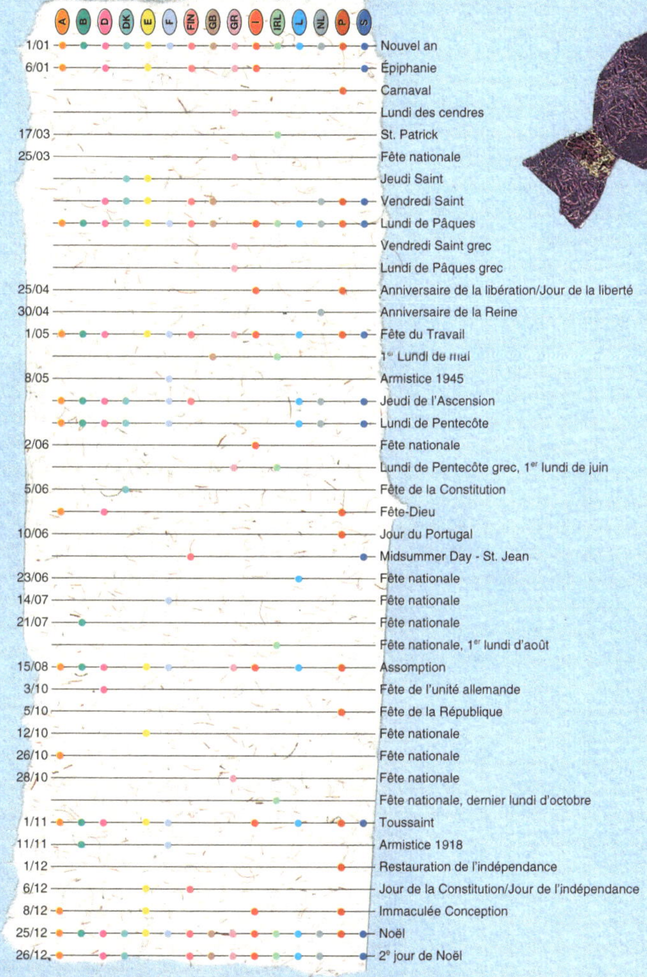

Source : Commission européenne DG X

Noël a différentes traditions au cours du mois de décembre. Le 6, la fête de Saint-Nicolas – *Santa Claus* – apporte des cadeaux aux enfants sages d'Europe du Nord. Le 13, *Santa Lucia* est fêtée en Suède. Ailleurs, le Père Noël a la préférence et la *Befana* reste la sorcière bien-aimée des petits Italiens.

Côté culture

« L'Europe est un ensemble de pays magnifiques qui ont chacun une culture différente et sont assez raisonnables pour s'unir sur les points essentiels, en particulier sur la conception de l'Homme. »

Laure 14 ans, Française en Chine

L'« EURO » EST UN MOT DE SPORTIF ! FAÇON RAPIDE DE PARLER DE LA COUPE D'EUROPE DE FOOTBALL. LA PREMIÈRE A EU LIEU EN 1955. L'EURO SE DÉROULE TOUS LES 4 ANS.

Les Européens ont **un patrimoine** : œuvres d'art, livres, monuments... autant de richesses qui, au fil des siècles, constituent notre culture. Si l'on veut, par exemple, voir l'œuvre d'un peintre, il faut souvent faire le tour des musées d'Europe et parfois du monde.

Depuis 1985, une ville reçoit pour un an le titre de **« capitale culturelle européenne »**. La première fut Athènes. Des événements sont organisés pour petits et grands Européens (théâtre, danse, cinéma, concerts, fêtes...) et toutes sortes de rencontres sont imaginées... pour attirer le monde entier.

Côté loisirs

Courir, sauter, nager, chevaucher, escalader, randonner... **le sport rime avec loisirs.** Si raquettes, ballons et sports de glisse en tout genre (sur neige, sur eau...) sont mondialement connus, quelques pays ont leur spécialité comme le cricket au Royaume-Uni, les courses de patin à glace sur les canaux gelés aux Pays-Bas, le char à voile sur les plages de sable de la mer du Nord.

Rythmes scolaires

Les programmes d'enseignement et les systèmes d'éducation sont propres à chacun des pays de l'Union européenne. La scolarité obligatoire n'est pas de même durée, l'organisation de l'année scolaire est différente, ainsi que le rythme d'une journée de classe. De même, certaines matières, comme les langues étrangères apprises dès le primaire, varient selon les pays.

LES 15 PAYS RECONNAISSENT **LES DIPLÔMES** OBTENUS DANS UN PAYS DE L'UNION EUROPÉENNE MAIS IL FAUT DEMANDER UNE **« ÉQUIVALENCE »**.

Les élèves français rêvent des journées de classe allemandes qui laissent l'après-midi libre, tandis que les petits Allemands aimeraient peut-être aller à l'école maternelle dès l'âge de 3 ans comme leurs camarades français. Ces différences d'un pays à l'autre sont autant d'étonnements et de découvertes. Lors de **rencontres entre écoles,** dans le cadre de jumelages ou d'échanges, tel **le programme européen « Comenius »** destiné aux classes primaires et secondaires. C'est l'occasion d'apprécier la diversité des modes de vie.

La vie de famille

L'esprit de famille est très fort dans les pays méditerranéens. Ainsi en Grèce, en Espagne ou au Portugal, 3 ou 4 générations d'une même famille peuvent habiter sous le même toit : les enfants, les parents, les grands-parents... Dans les pays du Nord et en France, les personnes très âgées vont souvent dans une maison de retraite ou de santé dès lors qu'elles ne peuvent plus vivre seules.

Pour être en **bonne santé,** il est recommandé de manger **une nourriture équilibrée** et de faire un peu d'exercice. Les Françaises détiennent le record d'Europe de longévité (82 ans en moyenne). L'habitude de prendre 3 repas par jour apporte toutes les vitamines utiles. En confidence : la France boit le plus d'eau minérale et pétillante... et le plus de vin aussi... pour accompagner l'un de ses 400 fromages !

Les mariages sont plus nombreux au sud de l'Europe et en Irlande. On note aujourd'hui une sérieuse baisse des naissances dans toute l'Europe qui vieillit et méritera le titre de « vieux continent ».

HÉLAS ! LES PROBLÈMES DE **SANTÉ** EXISTENT PARTOUT. L'UNION EUROPÉENNE AIDE EN PARTICULIER LA RECHERCHE DE TRAITEMENTS ET DE VACCINS CONTRE DES MALADIES COMME LE SIDA, LE CANCER...

Le charme des fleurs
En Allemagne, il est poli d'enlever le papier qui entoure les fleurs que l'on veut offrir. En France au contraire, c'est plus chic d'y ajouter l'étiquette du fleuriste. Au Royaume-Uni, on aime offrir des chrysanthèmes, mais en Espagne, au Portugal ou en France ils fleurissent les cimetières.

Une enquête montre que les Finlandais lisent beaucoup de **journaux** (5ᵉ pays du monde) suivis des Suédois. Les Britanniques sont 13ᵉ, les Luxembourgeois 14ᵉ... les Français sont à la 35ᵉ place. Les Grecs sont les plus grands lecteurs de **poésie.** C'est au Danemark et en Finlande que l'on publie le plus de **livres :** 20 livres pour 100 habitants ; la moyenne en Europe est de 7 livres.

Dans l'Union européenne, on peut être **soigné dans un service public** sans payer, ou être remboursé, si l'on présente au médecin l'imprimé « E 111 » obtenu auprès de son centre de sécurité sociale habituel.

Clin d'œil

Bonnes manières... des petites habitudes qui changent selon les pays !
- Peut-on tremper sa tartine dans un bol de chocolat ou des mouillettes dans un œuf à la coque ?
- Doit-on terminer son assiette ou non ?
- Faut-il mettre ses mains sur la table comme en France... ou sous la table comme au Royaume-Uni ?

À LA POINTE DU PROGRÈS

« L'Union européenne prend place parmi les plus grandes puissances du monde. »

Aude 11 ans, Française

« L'Europe est une puissance économique forte. »

Johan 13 ans, Néerlandais

« Pour moi, l'Europe sert à créer des emplois. »

Tiffany 13 ans, Française

C'est comme un pays multinational. Les 15 pays se sont unis pour faire face au marché international. »

Jean-Noël 13 ans, Français en Chine

Le marché unique

« La communauté européenne, c'est beaucoup mieux que de s'arrêter à chaque frontière. »
Anne-Marie 10 ans

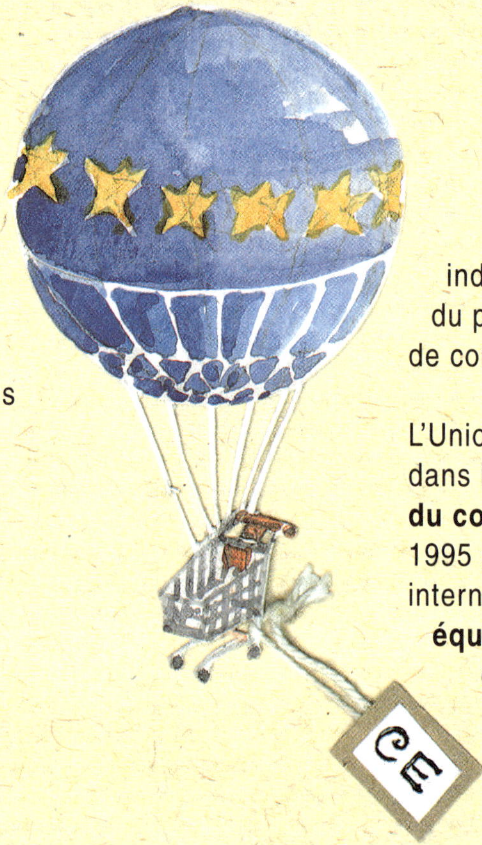

La libre circulation des marchandises et de l'argent simplifie les échanges entre les 15 pays européens et développe l'économie. S'il y a plus de choix, il y a plus de concurrence et de meilleurs prix. Avec l'euro, ce sera vraiment plus facile. Bien sûr, les produits doivent respecter des normes de sécurité pour recevoir **le label « CE » :** c'est le cas des jouets par exemple. Les aliments vendus en Europe portent une étiquette indiquant la composition, l'origine du produit ainsi que la date limite de consommation (DLC).

L'Union européenne est très active dans **l'Organisation mondiale du commerce (OMC),** créée le 1er janvier 1995 à Genève. Les règles du commerce international garantissent **une concurrence équitable** et juste, et elles protègent contre la fraude.

Les moyens de communication

Si les vélos ou les tramways permettent de se déplacer agréablement et facilement sur de courtes distances, il est indispensable de créer plus de **réseaux de transport rapide** reliant, par route, rail, ou air, les différents points de l'Europe. Déjà des chercheurs et des entreprises travaillent à construire « la voiture de demain, le train du futur et l'avion de la nouvelle génération », trois projets inscrits au programme communautaire de la recherche et du développement.

Les « autoroutes de l'information »
Ordinateur, fax, internet..., ce qu'on appelle **le multimédia,** ne tiennent qu'à un fil si l'on est branché ! L'information peut voyager partout à la vitesse de la lumière, et il est intéressant d'apprendre à la rechercher et à l'utiliser. De nouveaux outils informatiques sont utilisés dans l'enseignement, et les progrès vont très vite dans ce secteur créateur d'emplois.

LONDON WATERLOO ↔ PARIS NORD

EUROTUNNEL A ÉTÉ L'UN DES PLUS GRANDS CHANTIERS DU XXe SIÈCLE. GRÂCE À L'ESPRIT D'ŒUVRE ET À BEAUCOUP DE MAINS-D'ŒUVRE, LA GRANDE-BRETAGNE EST RELIÉE AU CONTINENT EUROPÉEN PAR LE TUNNEL SOUS LA MANCHE DEPUIS LE 6 MAI 1994. LE « *SHUTTLE* » PERMET LE TRANSPORT DES VÉHICULES ET L'« EUROSTAR » EST LE SERVICE DES TRAINS À GRANDE VITESSE DE VOYAGEURS.

VIVRE DE FAÇON MODERNE, C'EST AUSSI SAVOIR **VIVRE AVEC LES AUTRES**... SANS ÉCRAN. COMMUNIQUER ET SE DÉPLACER SONT LES PLUS SÛRS MOYENS D'ÉCHANGES, DE **DIALOGUE** ET D'**ENTRAIDE** : DES MOTS CLÉS POUR LES EUROPÉENS.

Arrêt sur images

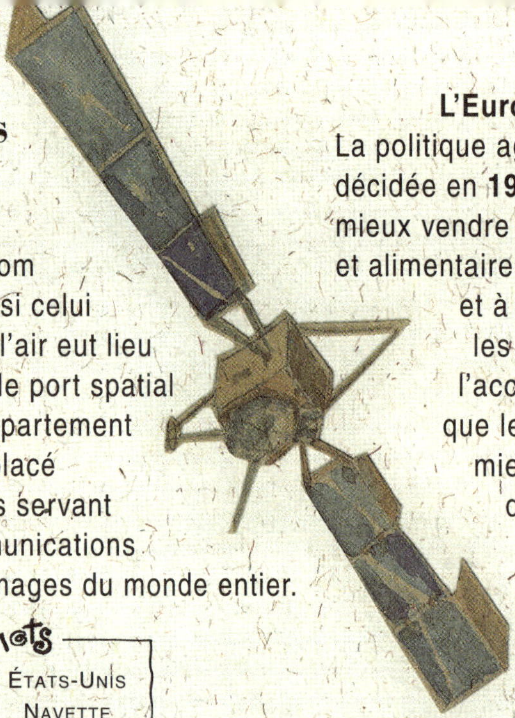

L'Europe et l'espace

Ariane n'est pas seulement le nom d'une déesse grecque, mais aussi celui d'une fusée dont le baptême de l'air eut lieu le 29 décembre 1979 à Kourou, le port spatial de l'Europe situé en Guyane (département français d'outre-mer). Ariane a placé sur orbite de nombreux satellites servant à la météorologie, aux télécommunications ou encore à nous envoyer des images du monde entier.

A chacun ses mots

EUROPE	RUSSIE	ÉTATS-UNIS
FUSÉE	VAISSEAU	NAVETTE
SPATIONAUTE	COSMONAUTE	ASTRONAUTE

L'Agence spatiale européenne (ESA) réunit 13 pays européens dont la Norvège et la Suisse, plus le Canada : **belle aventure de coopération entre pays.** Ce programme, non communautaire, se poursuit avec la construction du modèle « Ariane 5 » : dynamique et moderne le vieux continent !

L'Europe verte

La politique agricole commune, décidée en **1962**, permet de mieux vendre les produits agricoles et alimentaires. Elle aide à **moderniser l'agriculture** et à développer des activités nouvelles dans les régions pauvres ou isolées, par exemple l'accueil des touristes. On espère maintenant que les chercheurs et les décideurs contrôleront mieux **la qualité des productions** afin d'empêcher les graves problèmes récemment révélés avec la maladie de la « vache folle ».

L'Europe bleue

Le marché de **la pêche** est organisé depuis 1983. Des règles ont fixé le volume des bateaux de pêche, les moyens de conservation et même la taille des filets ou des poissons qui peuvent être pêchés. Il faut un droit (une licence) pour pêcher dans **les eaux de la communauté,** soit une zone de 370 km autour des côtes de l'Union européenne.

Le G7 est le groupe des **7 pays les plus industrialisés du monde** : Allemagne, France, Italie et Royaume-Uni pour l'Europe et Canada, États-Unis et Japon. Né en 1975, le G7 se réunit régulièrement pour discuter des problèmes économiques internationaux et de sécurité.

La réunion du Conseil des ministres de l'économie et des finances des 15 est appelé le « **Conseil Écofin** ».

Les différentes régions du monde ont signé des **accords entre pays voisins** afin de faciliter leur commerce, c'est pourquoi l'Union européenne doit **faire le poids économique** face à l'Amérique et l'ALENA (Accord de Libre Échange Nord-Américain) ou l'Asie et l'ANSEA (Association des Nations du Sud-Est Asiatique).

Chaque pays a sa **capitale :** souvent la plus grande ville, on y trouve le gouvernement, le parlement, les ministères, les ambassades..., tout ce qui organise la vie nationale et internationale, économique et politique. Toutes les villes tentent d'attirer les entreprises pour développer l'emploi.

ô nature, il s'agit de faire un arbre énorme, (...)
Il s'agit de construire un chêne aux bras sans nombre,
Un grand chêne qui puise avec son tronc noueux
De la nuit dans la terre et qui force cette ombre
À s'épanouir dans les cieux !
(...) En plantant le chêne des États-Unis d'Europe
Victor Hugo

Jean Monnet, né à Cognac en 1888, est le véritable initiateur de l'Union européenne, puisque, dès la défaite de juin 1940, il imaginait des États-Unis d'Europe. Plus tard, le président Kennedy des États-Unis l'appellera l'« Homme d'État du monde ». La seule distinction reçue par Jean Monnet est celle de « Citoyen d'honneur de l'Europe », décernée en 1976 par le Conseil européen. Il est en outre le seul à être honoré de ce titre. Mort en 1979 à l'âge de 91 ans, il repose au Panthéon à Paris.

Simone Veil, adolescente en 1944, a été déportée avec sa famille à Auschwitz. Ministre de 1974 à 1979 puis de 1993 à 1995, Européenne convaincue, engagée en faveur de la réconciliation entre la France et l'Allemagne, Simone Veil a été élue en 1979 Président du premier Parlement européen issu du suffrage universel direct. Elle s'attache à défendre les droits de l'homme et milite en faveur des droits de la femme. Depuis mars 1997, elle préside le Haut Conseil à l'intégration.

Robert Schuman était à la croisée de trois pays : né au Luxembourg en 1886, il était citoyen allemand de 1871 à 1918 parce que sa famille habitait la Lorraine alors annexée par l'Allemagne. Ministre des Affaires étrangères de 1948 à 1953, il a été Président de la première Assemblée européenne le 19 mars 1958. Il est l'auteur de la Déclaration du 9 mai 1950 qui est à l'origine des traités instituant les Communautés européennes.

Jacques Delors, ministre de 1981 à 1984, a été le 8e Président de la Commission européenne de 1985 à 1995 : dix ans qui comptent pour la construction de l'« édifice Europe ». Pragmatique, il a su conjuguer réflexions et réalisations. Aujourd'hui, Jacques Delors poursuit l'œuvre dans le cadre de son association « Notre Europe » et aime rappeler les mots appris de l'un de ses professeurs : « Il faut être inventeur de simplicité. »

Roland Bacri
« Le Concert des Nations » in *Le Petit Poète*, éd. La canardothèque, 1957
William Blake
« Augures d'innocence » in *Chansons et mythes*, coll. « Orphée », La Différence, 1989
Alain Boudet
Sur le rivage, éd. Écho optique, 1996
Odysseas Elytis
« Axion Esti » in *Terre des Grecs*, trad. A. Gavathas, Albin Michel, 1982
Samuel Ferguson
« Le tablier plein de noisettes » in *The poems of Samuel Ferguson*, trad. Christine Abdel et Bernard Lorraine
Lars Forssell
in *Langue étrangère,* éd. La Différence
Heinrich Heine
« Questions » in *Une Europe des poètes*, trad. B. Lorraine, Livre de poche, 1993
Miguel Hernandez
« Cueilleurs d'olives » in *Œuvres choisies*, éd. La Différence
Hugo von Hofmannsthal
« Noël » *in Vienne, Toi seule*, Erwin Fieger, coll. « L'Iconothèque », J.C. Lattès, 1992

Victor Hugo
« En plantant le chêne des États-Unis d'Europe » in *Les quatre vents de l'esprit*, J. Hetzel et A. Quantin, 1881
Karel Jonckheere
« Frontière » in *Les plus beaux poèmes de voyage*, trad. H. Richter, éd. du Cherche-Midi
Gerrit Kouwenarr
in *Langue étrangère*, La Différence
Liska
Entre bleu ciel et bleu marine in Cotcodi n° 35, Chanson Poésie, Orne

Valerio Magrelli
« J'habite mon cerveau » in *Une Europe des poètes*, trad. A. Monjot, Livre de poche, 1993
Paul Palgen
« Le Chœur des joies » in *Une Europe des poètes*, Livre de poche, 1993
Fernando Pessoa
« Les Châteaux » in *Une Europe des poètes*, trad. B. Lorraine, Livre de poche, 1993
Nis Petersen
« Printemps au fjord de Mariager » in *Anthologie de la littérature danoise*, Montaigne, 1964
Yannis Ristos
« Symphonie printanière », in *Une Europe des poètes*, trad. M. Mélot, Livre de poche, 1993
Joël Sadeler
« Y... comme Y » in *Dans ma botte à lettres*, Corps puce,1989
Antoine de Saint-Exupéry
Le Petit Prince, Gallimard, 1943
Edith Södergran
« La Blonde Fille de la forêt » in *Le pays qui n'est pas*, trad. P. Waert, Debresse, 1954
Jean-Claude Touzeil
« Guerre » in *La Courte Échelle aux crocodiles*, Cotcodi, Chanson Poésie Orne, 1989

Imprimé en France par I.M.E. - relié par A.G.M.
Dépôt légal n° 2686 - septembre 1997 - 22.15.3653.01/7
ISBN : 2.01.223653.7
Loi n° 49-956 du 16 juillet 1949 sur les publications destinées à la jeunesse

« Il me plairait que l'Europe (...), entre l'Amérique et l'Asie, reste le pays de l'équilibre attentif, de la mesure raisonnable, le pays où la science et la sagesse peuvent encore, conjointement, orner un esprit bien fait. »
Georges Duhamel, 1931

« L'Europe ! l'Europe ! l'Europe ! Il ne suffit pas de le crier en sautant comme un cabri. »
Charles de Gaulle

« C'est bien l'Europe : on a rassemblé 15 pays qui sont les plus riches, pour faire concurrence aux États-Unis qui sont très puissants dans l'industrie et l'économie. »
Pierre 14 ans, Allemand en France

« L'Union europée[...] aujourd'hui à 15, demain élargie à 20 ou 30, doit demeurer le socle de l'édifice européen. »
Jacques Chirac, 1995

« L'Europe s'est faite pas à pas ; on peut élargir les enjambées, mais l'on ne peut pas prendre une allure qui ne serait pas conforme à notre nature. »
François Mitterrand, Strasbourg, 1995

« Nous devons reconstruire les États-Unis d'Europe. »
Winston Churchill, Zurich, 1946

Théo
8, place d'Armes
1136 - Luxembourg
(L)

« Pourquoi appeler l'argent l'euro ? »
Yotam 10 ans, Israélien-Américain-Français en France

Kristen
Kobmagergade, 24
1018 København
DANMARK
(DK)

Rolf
Götgatan 28
11826 Stockholm
SVERIGE (S)

« L'Europe est un groupe de pays qui forment presque une famille, avec ses guerres... »
Magali 13 ans, Française en Chine

Sean
Mountjoy Square, 15
Dublin 1
IRELAND
(IRL)